Faschismus/Antifaschismus

Tibor Zenker

Faschismus/Antifaschismus

Ausgewählte Texte

Der Drehbuchverlag
Wien

Gedruckt mit freundlicher Unterstützung von:

bm:uk Bundesministerium für Unterricht, Kunst und Kultur

Originalausgabe
Frühjahr 2011

Herstellung: Books on Demand GmbH, Norderstedt
Printed in Germany
ISBN 13: 978-3-902676-62 -7
www.drehbuchverlag.com

Inhaltsverzeichnis

Die Erfindung des Faschismus 8

Ursprünge, Wesen und Funktion des Faschismus 13

Zum Charakter des Faschismus 24

Konservativismus, Monopolbourgeoisie und Faschismus 29

Kleinbürgertum, Kapitalismus und Faschismus 39

Faschismustheorien aus marxistischer Sicht 48

Wirtschaftskrise, Faschismus und Rechtsextremismus 64

Gegen Faschismus und Imperialismus 91

Zwischen Rechtsextremismus und Neonazismus: „Nationale Volkspartei" 94

Österreichs Kommunisten im Kampf gegen den Faschismus 1933-1945 98

75 Jahre Februarkämpfe 1934 104

Februar 1934: Schlussfolgerungen für die Gegenwart 112

Februar 1934, März 1938 und die Gegenwart 114

März 1938 in Österreich 118

Ostmark 2, Deutschland 0 – 70 Jahre Anschlussspiel 125

Falschheit einer Entmythologisierung: Matthias Sindelar 128

Faschismus und Holocaust 133

65 Jahre Befreiung – Über das Kriegsende 1945 142

„Ordnung herrscht in Santiago…" – Der 11. September 1973 145

Zum 100. Geburtstag Salvador Allendes 149

Zum Tod Luis Corvaláns 157

Vorbemerkung

Im vorliegenden Band sind 21 Texte aus den Jahren 2003-2010 zum Themenbereich Faschismus und Antifaschismus zusammengefasst. Obwohl diese Texte unabhängig voneinander entstanden sind, ergeben sie in dieser Form und Anordnung einen durchaus zusammenhängenden Überblick über den Faschismus.

Die ersten sechs Texte sollen der Erarbeitung der Grundlagen einer wissenschaftlichen Theorie vom Faschismus als besondere bürgerliche Herrschaftsform sowie als reaktionäre Bewegung dienen. Die darauffolgenden drei Texte befassen sich mit dem Faschismus der Gegenwart, d.h. einerseits mit seinen Bedingungen, andererseits konkret mit dem Neofaschismus und Rechtsextremismus, wie er uns heute mehr oder minder offen gegenübertritt. Die abschließenden zwölf Texte behandeln historische Fragestellungen, insbesondere zum österreichischen, deutschen und chilenischen Faschismus, sowie zum Holocaust.

Unterm Strich möge dadurch eine konsistente Darstellung vorliegen, die über Herkunft, Ziele, Methoden und Bedeutung des Faschismus Auskunft gibt, die teilweise ganz konkret dem gegenwärtigen Neofaschismus auf der Spur ist, die aber auch Ansätze liefert, wie der Gefahr des Faschismus heute zu begegnen ist.

In diesem Sinne ist der Band „Faschismus/Antifaschismus" auch eine Fortsetzung und vor allem eine punktuelle Vertiefung des Buches „Was ist Faschismus?" (2006), in dem die Faschismusanalyse und -theorie des Marxismus-Leninismus bereits umfassend und systematisch dargestellt wurde.

Tibor Zenker
Wien, im November 2010

Die Erfindung des Faschismus

Vor 90 Jahren gründete Mussolini die „Fasci di Combattimento“

Am 23. März 1919 wurden im italienischen Mailand durch Benito Mussolini die „Fasci di Combattimento“ gegründet. Diese „Kampfbünde“ – mehr bedeutet der Name nicht – stellten die namensgebende Keimzelle der Herausbildung des Faschismus als reaktionäre politische Bewegung neuen Typs dar. So diffus und widersprüchlich sich die Inhalte des Faschismus zunächst darstellten, so war der Faschismus von Anbeginn vor allem eines: das endlich gefundene Instrument in den Händen des Großkapitals, um den proletarisch-revolutionären und sozialistischen Bestrebungen der Arbeiterklasse in Stadt und Land nicht nur wirksam Einhalt zu gebieten, sondern um sie zurückzuschlagen und zu vernichten. Und doch war diese antizipierte Konterrevolution lediglich die erste Aufgabe des Faschismus, der den Boden für umfassendere imperialistische Programme zu bereiten hatte.

Die Entwicklungslinie faschistischer Bewegungen aus dem weißgardistischen Terror am Ende und im Gefolge des Ersten Weltkrieges ist evident. Dies gilt für Italien ebenso wie für Deutschland oder Österreich. Derart zeigt sich auch die soziale Basis des Faschismus, die in aller Regel aus deklassierten oder vor der Deklassierung stehenden Kleinbürgern, bedrängten Bauern, Lumpenproletariern und nicht wieder ins „normale Leben“ zu integrierenden Soldaten besteht, während die Arbeiterklasse immer unterrepräsentiert bleibt. Diese Zusammensetzung ändert indessen nichts am eigentlichen Klassencharakter der faschistischen Bewegung ebenso wie der faschistischen Diktatur, der ein monopolkapitalistischer ist. Der Faschismus ist immer und überall ein Instrument bzw. die Herrschaft des Finanz- bzw. Monopolkapitals und des Großgrundbesitzes, je nach Zusammensetzung der jeweiligen nationalen Großeigentümerklassen.

Mussolinis Gründungsakt vor 90 Jahren ist freilich nur unter einer gewissen gezwungenen Zurechtrückung als „Geburtsstunde des Faschismus“ zu betrachten. Diese ist natürlich nicht punktuell festzumachen und letztlich auch keine vorrangig organisatorische Frage: Der Faschismus als reaktionär-konterrevolutionäres Instrument und offen terroristische und diktatorische Herrschaftsform des Monopolkapitals entsteht objektiv als Ergebnis des Eintritts des Kapitalismus ins Stadium seiner allgemeinen Krise im Zeitalter des Imperialismus. Die Entwicklung in Italien markiert, bereits vor dem März 1919 und in den folgenden 26 Jahren, lediglich ein recht klassisches Beispiel des Faschismus in Bewegungs- und als Herrschaftsform, weswegen sich von Mussolinis „Kampfbünden“ die Gattungsbezeichnung „Faschismus“ ableitet.

Das Wort Faschismus bedeutet in Wahrheit aber sehr wenig. Das italienische „fascio“ (Plural „fasci“) heißt nichts weiter als „Bund“ und ist somit eigentlich neutral. Es war bereits im 19. Jahrhundert für Gewerkschaften und linke Arbeiterorganisationen in Verwendung (z.B. Fascio Operaio). Seine eigentümliche, tendenziöse Bedeutung erhält das Wort erst bei Mussolini, der sich zudem auf eine Doppelbedeutung beruft, denn fasci im Plural meint nicht nur Bünde, sondern auch Bündel. In diesem Sinne leitet es sich vom lateinischen „fasces“ ab, was schon in der antiken Römischen Republik ein staatliches Machtsymbol in Form eines Rutenbündels (mit oder ohne Beil) war. Als Symbol der Staatsgewalt wurde das Rutenbündel in der Französischen Revolution wieder aufgegriffen, die staatliche Volkssouveränität versinnbildlichend. Vor diesem Hintergrund machte Mussolini das Rutenbündel auch zum Symbol der italienischen Faschisten. Somit bedeutet Faschismus im wörtlichen Sinn nichts als „Bundismus“, Bündlertum. Über politischen und ideologischen Inhalt wäre damit ursprünglich nichts gesagt, d.h. es bedurfte einer im Nachhinein entwickelten Faschismustheorie, die den Begriff definiert.

Der Herausbildung der Fasci di Combattimento 1919 war 1915 die Gründung der „Fasci d’Azione Rivoluzionario“ („Revolutionäre Aktionsbünde“, FAR), ebenfalls schon durch Mussolini, vorangegangen. Hier ist es nötig, den politisch-ideologischen Hintergrund und die Vergangenheit Mussolinis kurz zu betrachten. Mussolini kam nämlich aus der Italienischen Sozialistischen Partei (1892/93 gegründet), einer Mitgliedspartei der II. Internationale, die marxistischen Charakter hatte. In dieser ISP hatte Mussolini eine steile Karriere hingelegt, als durchaus linksradikale Führungsfigur, die ideologisch anarchosyndikalistische Tendenzen zeigte. In der Frage der Weltkriegsbeteiligung Italiens kam es zum Bruch: Mussolini propagierte den Kriegseintritt auf Seiten der Entente, die ISP vertrat jedoch – wie die russischen Bolschewiki und die serbischen und bulgarischen Sozialdemokraten – eine im Wesentlichen antimilitaristische und antiimperialistische Position. Mussolini wurde aus allen ISP-Funktionen entfernt. Die FAR-Gründung war noch der Versuch Mussolinis, mit einem linksradikalen Mäntelchen sein eigenes Süppchen zu kochen – dieser Versuch misslang gründlich, da Mussolini in der Linken aufgrund seiner Kriegsbegeisterung hoffnungslos diskreditiert war. Deshalb entschloss sich Mussolini, da der linke Weg zur Macht für ihn versperrt war, die Seiten ganz offen zu wechseln, d.h. rechts und bei der Bourgeoisie nach Anerkennung zu suchen. Dem entsprach die Gründung der Fasci di Combattimento, der „Schwarzhemden“ oder „Squadristen“, wie sie auch genannt wurden.

Diese standen von Beginn an, trotz ihrer teilweise „sozialrevolutionären“ Rhetorik, dem Kapital und dem Großgrundbesitz als gegenrevolutionäre, weißgardistisch-terroristische Gruppierung gegen die revolutionäre Arbeiterklasse zur Verfügung. In den Jahren 1918 und 1919 befand sich die revolutionäre Arbeiterklasse in Norditalien in der Offensive. Das Kapital schien dagegen machtlos, bis Mussolinis Fasci mit ihrem Terror von rechts erfolgreich in die Klassenkämpfe eingriffen und der Reaktion dazu verhalfen, wieder die Oberhand zu gewinnen. Im Gegenzug wurde Mussolini (mit weiteren 33 Faschisten) auf der Regierungsliste „Nationaler Block“ im Mai 1921 ins Parlament gewählt. Gleichzeitig wurde der faschistische Terror verstärkt, bis schließlich Mussolini als „starker Mann“ präsentiert werden konnte, der für Stabilität und Ordnung sorgen sollte. Letzter Akt war diesbezüglich die Niederschlagung des linken Generalstreiks im Februar 1922. Im Oktober desselben Jahres rief Mussolini zum berüchtigten „Marsch auf Rom“ auf, um die Macht zu ergreifen. Diese „Machtergreifung“ war – ebenso wie 1933 in Deutschland für die NSDAP – nicht nötig und ist ein Mythos, denn die Macht wurde Mussolini bereits zuvor am Silbertablett serviert und übertragen, nämlich durch den italienischen König Viktor Emanuel III., der Mussolini zum Ministerpräsidenten ernannte und das Militär zum Gehorsam anhielt. So kam der italienische Faschismus als scheinbare Bewegung „von unten“ durch das Bündnis mit dem Konservativismus, dem König, dem Militarismus (und der Kirche) an die Macht, kurz: als Instrument des Großkapitals und Großgrundbesitzes, als Instrument des italienischen Imperialismus.

Die Vollendung der faschistischen Diktatur in Italien dauerte bis 1926. Auf Basis seiner vorübergehenden außerordentlichen Machtbefugnisse führte Mussolini 1923 ein rigoroses Mehrheitswahlrecht ein, dass ihm bei relativer Mehrheit über 25% der Stimmen eine automatische 2/3-Mehrheit im Parlament garantieren sollte, was im Januar 1924 auch gelang. Im Juni 1924 wurde Giacomo Matteotti ermordet, der Sekretär der Vereinigten Sozialistischen Partei, des reformistischen Flügels der früheren ISP (die revolutionären Sozialisten hatten 1921 die Kommunistische Partei Italiens unter Antonio Gramsci und Palmiro Togliatti gegründet). Matteottis Mörder waren Faschisten, worauf sich die Stimmung in Italien langsam gegen Mussolini wendete. In diesem Moment fasste die parlamentarische Opposition einen folgenreichen Entschluss: sie verließ das Parlament, um den König zur Absetzung Mussolinis und zur Ansetzung von Neuwahlen zu drängen. Doch Viktor Emanuel III. stellte sich abermals auf die Seite des Faschismus und blieb untätig, wodurch Mussolini bequem seiner politischen Gegner im Parlament entledigt wurde, ab Januar 1925 sogar zum Gegenschlag ausholen konnte und unbehelligt massenhaft Oppositionelle verhaften ließ. 1926 wurden alle politischen Parteien verboten – außer der „Nationalen Faschistischen Partei" („Partito Nazionale Fascista"), die bei den „Wahlen" 1928 sodann auch als einzige Kandidaten stellte. Im Ergebnis konnte auch die institutionelle Umstrukturierung des italienischen Staates zur offenen faschistischen Diktatur umgesetzt werden.

Damit, nachdem die Arbeiterbewegung zerschlagen war und die Demokratie beseitigt, konnte der italienischen Faschismus zu seinem weiteren imperialistischen Programm übergehen. Mussolini unterstützte faschistische Regierungen im Ausland, so in Ungarn und den Austrofaschismus in Österreich, 1935 sah er sich für militärische Expansionen gewappnet, es folgte der Abessinienfeldzug. Auch im Spanischen Bürgerkrieg griff der italienische Faschismus ab 1936 offen auf Seiten Francos ein. Gleichzeitig kam es zur Annäherung an Hitler und den deutschen Faschismus. 1937 trat Italien dem „Antikomintern-Pakt" zwischen Deutschland und Japan bei. Im April 1939 besetzten italienische Truppen Albanien, das aber nur mit deutscher Unterstützung gehalten werden konnte. Im Zweiten Weltkrieg war der italienische Faschismus williger Partner des deutschen Faschismus – und sollte sein Schicksal teilen.

Die militärischen Potenzen des italienischen Faschismus waren dem Zweiten Weltkrieg nicht gewachsen, zumal es auch im Inneren ernsthaften antifaschistischen Widerstand und eine starke kommunistische Partisanenbewegung gab. Als die Alliierten in Sizilien landeten, wurde Mussolini vom eigenen „Großen Faschistischen Rat“ und mit Unterstützung des Königs im Juli 1943 abgesetzt und inhaftiert, mit den USA wurde ein Waffenstillstand vereinbart. Die deutsche Wehrmacht besetzte im September 1943 die Nordhälfte Italiens, befreite Mussolini und ließ ihn die faschistische „Soziale Republik Italien“ am Gardasee ausrufen. Doch militärisch war für die deutschen und italienischen Faschisten nichts mehr zu gewinnen. Beim Fluchtversuch in die Schweiz wurde Mussolini im April 1945 von kommunistischen Partisanen festgenommen, in einer Gerichtsverhandlung verurteilt und erschossen. Am 28. April 1945 kapitulierten die deutsche Wehrmacht und ihre verbliebenen italienischen Verbündeten in Italien.

Der Faschismus in Italien ist aber nicht tot, denn es wird ihn mehr oder weniger latent immer geben, solange es den Imperialismus gibt. Bereits 1946 wurde die faschistische Partei „Movimento Sociale Italiano“ („Italienische Sozialbewegung“) gegründet, die mitunter bemerkenswerte Wahlerfolge feiern konnte und als Unterstützerin konservativer Regierungen Bedeutung erlangte. 1995 wurde die Partei unter Gianfranco Fini in „Alleanza Nazionale“ (AN, „Nationale Allianz“) umbenannt. Sie war 1994 und 2001-2006 bereits Koalitionspartner in den Regierungen Silvio Berlusconis. Seit 2008 ist sie das abermals, Fini seither Parlamentspräsident und damit dritthöchster Amtsträger des italienischen Staates. Vor wenigen Tagen, am 22. März 2009, wurde die AN formell aufgelöst, um mit der Berlusconi-Partei gemeinsam die neue (Regierungs-)Partei „Popolo della Libertà“ („Volk der Freiheit“) zu bilden. Es existieren mehrere Abspaltungen der AN, die weiterhin ganz offen ihren neofaschistischen Kurs verfolgen. Die wichtigste davon ist gegenwärtig die „Azione Sociale“ („Soziale Aktion“), für die 2004 Alessandra Mussolini, eine Enkelin Benito Mussolinis, ins EU-Parlament gewählt wurde.

Im Internet veröffentlicht auf www.kominform.at am 25. März 2009.

Ursprünge, Wesen und Funktion des Faschismus

Auszug aus dem Vortrag „Was ist Faschismus?“, Karl-Franzens-Universität Graz, 27. März 2007

Wenn wir uns dem Faschismus analytisch nähern wollen, so gibt es zunächst zwei Betrachtungsgegenstände. Nämlich einerseits den Faschismus an der Macht, d.h. die faschistische Diktatur, und andererseits die faschistischen Bewegungen, unabhängig davon, ob und wie sie gegebenenfalls an die Macht gelangen. Hier soll es vor allem um den Faschismus als Herrschaftsform gehen sowie um antifaschistische Aufgabenfelder, Ansätze und Strategien.

Zunächst muss der Faschismus einmal historisch eingeordnet werden. Tatsache ist ja einerseits, dass der Faschismus erst zu einem bestimmten Zeitpunkt auftritt, andererseits behaupten ja manche, dass die „Epoche des Faschismus“ mit 1945 ein für alle Mal zu Ende sei. Dass letzteres nicht stimmt, liegt jedoch auf der Hand, schließlich haben die faschistischen Diktaturen in Spanien und Portugal das Ende des Zweiten Weltkrieges um Jahrzehnte überdauert, andererseits wurde etwa in Chile erst 1973 eine faschistische Diktatur errichtet. Bleibt somit das Ende der „Epoche des Faschismus“ vorerst offen, so stellen wir einmal die Frage nach jenem Zeitpunkt, an dem der Faschismus erstmals auftritt.

Es ist dies der Fall im Gefolge des Ersten Weltkrieges, etwa um 1920. Unter welchen gesellschaftlichen und ökonomischen Bedingungen also? Unter jenen des Kapitalismus. Das ist aber noch nicht weiter bemerkenswert, denn der Kapitalismus ist seit Jahrhunderten in Europa vorherrschend und hat sehr unterschiedliche Herrschafts- und Staatsformen erlebt: eine Kausalbeziehung ergibt sich daraus noch nicht zwingend.

Doch wir können die historische Einordnung nach der ökonomischen Grundlage noch präzisieren, denn der vormonopolistische Kapitalismus, der so genannte Kapitalismus der freien Konkurrenz, kannte den Faschismus noch nicht, d.h. daher genauer, dass der Faschismus erst im monopolistischen Stadium des Kapitalismus, im Imperialismus auftritt. Dieser Übergang vom klassischen, „liberalen“ Konkurrenzkapitalismus zum Monopolkapitalismus fand im Wesentlichen im letzten Drittel des 19. Jahrhunderts statt. Zu Beginn des 20. Jahrhunderts haben verschiedene Ökonomen versucht, dieses neue Stadium des Kapitalismus analytisch zu erfassen, als erster, dem dies auch einigermaßen geglückt ist, wäre der Österreicher Rudolf Hilferding zu nennen. Dessen Schrift „Das Finanzkapital" erschien 1910.

Die Herausbildung des Monopolkapitalismus

Heute wird – und in den vergangenen Jahrzehnten wurde – in der Regel immer von einer Imperialismustheorie Lenins gesprochen, egal ob positiv oder negativ darauf Bezug genommen wird. In der Tat ist es so, dass Lenin in den Jahren 1916 und 1917 die vorliegenden Arbeiten marxistischer wie nicht-marxistischer Autoren einer recht umfassenden Betrachtung unterzog, ausgiebig statistisches Material aus unverfänglichen Quellen auswertete – und auf dieser Basis schließlich im Sommer 1917 als erster eine umfassende systematische Theorie des Monopolkapitalismus vorlegen konnte. Lenin schreibt in seiner zentralen Definition: *„Der Imperialismus ist der Kapitalismus auf jener Entwicklungsstufe, wo die Herrschaft der Monopole und des Finanzkapitals sich herausgebildet, der Kapitalexport hervorragende Bedeutung gewonnen, die Aufteilung der Welt durch die internationalen Trusts begonnen hat und die Aufteilung des gesamten Territoriums der Erde durch die größten kapitalistischen Länder abgeschlossen ist."* [LW 22, S. 271] – Hier stecken also fünf Punkte drinnen: 1. kraft der kapitalistischen Akkumulation, der Konzentration und Zentralisation des Kapitals, erfolgt eine Monopolisierung in den wichtigsten Wirtschaftsbereichen, d.h. die Herausbildung und ökonomische Vorherrschaft der Großkonzerne bei dem gleichzeitigen, permanenten Ruin der kleinen und mittleren Unternehmen; 2. Bedeutungssteigerung der Banken und Versicherungen: auch hier gibt es einen Monopolisierungsprozess, das industrielle Monopolkapital und das monopolistische Bankkapital verwachsen, technisch in der Regel über Aktienaustausch und personelle Überschneidungen, zum so genannten Finanzkapital; 3. gegenüber dem Warenverkehr gewinnt der Kapitalverkehr an Bedeutung; 4. und 5. die Monopolgruppen der einzelnen staatlichen Großmächte, d.h. der staatlich getrennten Imperialismen, stehen in globaler Konkurrenz, sie kämpfen um Rohstoffzugriffe, Marktsphären, billige Arbeitskräfte und Investitionsmöglichkeiten; mit dieser ökonomischen Konkurrenz der Monopole ist eine politische Konkurrenz der imperialistischen Großmächte verknüpft, egal ob diese Gegensätze auf

„diplomatischen“ Wegen oder mit militärischen Mitteln ausgetragen werden.

Was hat dies nun mit dem Faschismus zu tun? Im 1. Punkt der Leninschen Imperialismustheorie ist die Herausbildung der Monopole, ja die ökonomische Vorherrschaft der Monopole vermerkt, dies ist das zentrale ökonomische Merkmal des Monopolkapitalismus. Bilden sich Monopole, so realisieren dies nicht mehr "normale" Durchschnittsprofite, sondern Monopolprofite. Das bedeutet, dass es nicht um eine einfache Herkunft des Profits aus dem Mehrwert, letztlich zulasten der Arbeiterschaft, geht, sondern die Monopole machen die gesamte Gesellschaft tributpflichtig: daher der Ruin oder ständig drohende Ruin der KMUs, der Bauernschaft, des Kleinbürgertums. Das Monopolkapital entwickelt eine ökonomische Herrschaft über alle nicht-monopolistischen Schichten der Gesellschaft. Damit einher geht zwingender Weise ein entsprechender Differenzierungsprozess innerhalb der Bourgeoisie. Der bürgerliche Staat im Monopolkapitalismus ist in diesem Sinne auch nicht mehr der Staat der gesamten Bourgeoisie, sondern vornehmlich der Staat der Monopolbourgeoisie, des Großkapitals, des Großgrundbesitzes.

Und hier finden wir tatsächlich die erste Bedingung für das Aufkommen des Faschismus, gewissermaßen seine ökonomische Grundlage. Die ökonomische Grundlage der Monopole ist die zwanghafte Aneignung von Monopolprofiten; die nicht-monopolistischen Schichten und Klassen der Gesellschaft haben im Rahmen der bürgerlichen Demokratie, im demokratischen Parlamentarismus, wenngleich begrenzte, so doch Möglichkeiten, sich gegen diese monopolkapitalistische Ausbeutung zu wehren. Das Monopolkapital ist daher bestrebt, seine ökonomische Vorherrschaft durch die politische Alleinherrschaft zu ergänzen und gleichzeitig abzusichern.

Dem Monopolkapital wohnt daher unweigerlich und immer der Drang zu politischer Alleinherrschaft inne, das Monopolkapital ist per se reaktionär und antidemokratisch (eben im politischen Ebenbild gemäß seinem ökonomischen Wesen). Es hat immer das Interesse, die parlamentarische Demokratie zu demontieren und an ihre Stelle ein monopolkapitalistisches Diktaturregime zu stellen. Der vorhin erwähnte Hilferding hat diese Eigenschaft des Monopolkapitals (oder Finanzkapitals) auf die zentrale Formel gebracht: *„Das Finanzkapital will nicht Freiheit, sondern Herrschaft.“* – Das Monopolkapital ist in diesem Sinne in politischer Hinsicht auch die Negation zum klassischen bürgerlichen Liberalismus. Lenin schreibt darüber: *„Der politische Überbau über der neuen Ökonomik, über dem monopolistischen Kapitalismus ... ist die Wendung von der Demokratie zur politischen Reaktion. Der freien Konkurrenz entspricht die Demokratie. Dem Monopol entspricht die politische Reaktion.“* [LW 23, S. 34]

Das ist als grundsätzliche Tendenz zu verstehen, die im Imperialismus immer gegeben ist. Insofern muss festgehalten werden, dass der Faschismus auch kein Sonderfall, kein historischer Zufall oder gar nur ein bedauerlicher „Betriebsunfall“ im und des Kapitalismus ist. Nein, der Faschismus ist die äußerste Konsequenz des dem Imperialismus unweigerlich innewohnenden Drangs nach Reaktion und Gewalt, des absoluten Herrschaftsstrebens des Finanzkapitals auch in politischer Hinsicht.

Hier haben wir also, mit dem Drang zur politischen Ergänzung der ökonomischen Herrschaft der Monopole zur Sicherung der monopolistischen Akkumulation, die erste und zentrale Voraussetzung für das Aufkommen des Faschismus, seine *ökonomische Grundlage.* Auf dieser Grundlage besteht das dem Imperialismus unweigerlich immanente reaktionäre und antidemokratische Streben des Finanzkapitals, seine Macht unbegrenzt auszudehnen, nach politischer Alleinherrschaft. Es handelt sich um die Tendenz, alle gesellschaftlichen Sphären der staatsmonopolistischen Formierung zu unterwerfen, um dadurch die maximale Konzentration und Zentralisation aller ökonomischen und politischen Potenzen zu erreichen (im nichtfaschistischen Imperialismus bedeutet dies den ständigen Versuch, die Exekutive aufkosten der Legislative zu stärken). Dies ist die erste Wurzel, dies ist die Grundvoraussetzung des Faschismus.

Neben dieser Grundvoraussetzung bedarf es jedoch unweigerliche weiterer, unmittelbarer Vorraussetzungen für das Aufkommen des Faschismus, denn es nimmt dieser Drang zu Reaktion und Gewalt ja 1. nicht andauernd, und 2. erst zu einem späteren historischen Zeitpunkt, als sich der Imperialismus herausgebildet hat, auch tatsächlich die faschistische Form an. Und diese unmittelbaren Voraussetzungen entspringen der *allgemeinen Krise des Kapitalismus.* – Was ist darunter zu verstehen?

Die allgemeine Krise des Kapitalismus

In dieses Stadium seiner allgemeinen Krise tritt der Kapitalismus mit dem Ersten Weltkrieg ein. Diese allgemeine Krise, die nun nicht eine Sammlung von Krisenerscheinungen am einen oder anderen Ende des Systems, sondern die existenzielle und allseitige Krise des kapitalistischen Systems selbst darstellt, hat ihre Voraussetzungen im Anwachsen der Widersprüche des Imperialismus. Es geht, gemäß Punkt 5 in Lenins Imperialismustheorie, um die äußerste Zuspitzung der Gegensätze innerhalb des imperialistischen Blocks, wo die Ungleichmäßigkeit der Entwicklung der einzelnen Länder zu direkten Zusammenstößen führt, in letzter Konsequenz zu verheerenden Weltkriegen in dieser damit begonnenen *„Periode der Weltkriege"*, wie Rosa Luxemburg sagte. Es geht um die Zuspitzung des Gegensatzes zwischen imperialistischen Zentren und abhängiger Peripherie, wo antiimperialistische Befreiungsbewegungen das klassische Kolonialsystem zu Fall bringen und in weiterer Folge auch auf progressive und mitunter nichtkapitalistische Entwicklungswege orientieren. Es geht um die Zuspitzung des Marktproblems, um strukturelle Überakkumulation, um eine durch die Konjunkturentwicklung daher nicht mehr „regulierbare", ständige Massenarbeitslosigkeit in globaler Hinsicht. Es geht um die revolutionären Bewegungen in Mittel- und Westeuropa im Gefolge und als Ergebnis des Ersten Weltkrieges, also um die Zuspitzung des Klassenkampfes. Und es geht in dieser Hinsicht vor allem um die auf die Weltbühne und in die staatspolitische Wirklichkeit getretene Systemkonkurrenz zwischen Sozialismus und Imperialismus: entscheidend für die allgemeine Krise des Kapitalismus sind die siegreiche russische Oktoberrevolution und der Aufbau des Sozialismus in der Sowjetunion, davon ausgehend der Abfall weiterer Länder vom kapitalistischen Weltsystem und die Herausbildung einer sozialistischen Staatengemeinschaft. Dies markiert den realen Beginn der langen historischen Epoche des Übergangs der Menschheit vom Kapitalismus zum Sozialismus.

All diese Dinge erschütterten und erschüttern also den Weltkapitalismus in zuvor ungekanntem Ausmaß. Diese Erschütterungen beschleunigten die Herausbildung der staatsmonopolistischen Phase des Imperialismus und sind in mehrfacher Hinsicht unmittelbare Voraussetzung für das Aufkommen des Faschismus.

Auch wenn es auf den ersten Blick vielleicht für manche so erscheinen mag, als würde mit dem Faschismus eine vornehmliche Defensivstrategie des Kapitals bestehen – und zumindest die Ausgangsposition der Bourgeoisie am Ende des Ersten Weltkrieges war tatsächlich eine defensive –, so wäre es dennoch grundfalsch, den Faschismus darauf zu reduzieren. Schlussendlich besteht die faschistische Zielsetzung seitens der Monopolbourgeoisie darin, aus der Defensivposition wieder in die Offensive zu gelangen, sowie auch ganz grundsätzlich und von vornherein offensive Elemente gegeben sind. Der Faschismus ist gewissermaßen immer beides: Defensive und Offensive, ein Zeichen der Schwäche der Bourgeoisie und ein Zeichen der Stärke.

Das jeweilige Verhältnis von offensiven und defensiven Zielsetzungen und Bestrebungen variiert von konkretem Fall zu konkretem Fall, von Situation zu Situation – dies ist bereits ein klares Indiz, dass eine Faschismustheorie schlussendlich nicht ein Ordnungsschema mit im „naturwissenschaftlichen Sinn" messbaren Abgrenzungen liefern kann und soll, sondern dass sie anhand qualitativer Grundeigenschaften eine Anleitung zur konkreten Einzelanalyse sein muss.

Die Grundbestimmung der faschistischen Diktatur

Eine solche Grundbestimmung nahm der Bulgare Georgi Dimitroff 1935 mit der folgenden Charakterisierung vor: *„Der Faschismus an der Macht ist die offene terroristische Diktatur der reaktionärsten, der am meisten chauvinistischen, am meisten imperialistischen Elemente des Finanzkapitals."*

Tatsächlich sind die wesentlichen Grundmerkmale des Faschismus in diesem einen Satz enthalten, sein Wesen, seine Ziele und seine Funktionen sind hier markiert und präziser ableitbar. Nämlich: Die faschistische Herrschaft ist erstens methodisch eine offene, im Gegensatz zur verdeckten des bürgerlich-demokratischen Parlamentarismus, und terroristische, im Gegensatz zur rechtsstaatlichen des Liberalismus, klassenspezifische Diktatur. Zweitens ist ihre weitere Ausrichtung aufgrund ihres finanzkapitalistischen Klassencharakters a) besonders reaktionär, d.h. antidemokratisch und repressiv bis zur Vernichtung vor allem gegen die revolutionäre, aber selbst gegen die reformistische ArbeiterInnenbewegung; sie ist b) besonders chauvinistisch, d.h. sie maximiert die nationale Unterdrückung, appelliert an den niveaulosesten Nationalismus und impliziert oft rassistische Elemente; und sie ist c) besonders imperialistisch, d.h. sie steht für Aggression nach außen, für Militarismus und Krieg, letztlich im Sinne des imperialistischen Kampfes um die globale Hegemonie.

Systematisieren wir nochmals diese Grundmerkmale:

1. Der Faschismus als besondere bürgerliche Herrschaftsform ist nicht die Herrschaft der gesamten Bourgeoisie. Gemäß dem innerbourgeoisen Differenzierungsprozess, der mit der Herausbildung des Imperialismus einhergeht, ist der Faschismus die Diktatur des Finanzkapitals. Dies ist der spezifischere Klassencharakter des Faschismus. Es gilt dies ja auch für den Imperialismus unabhängig seiner Form: der heutige bürgerlich-„demokratische" Parlamentarismus ist die verschleierte, aber dennoch die klassenmäßige Herrschaft, durchaus auch die Diktatur des Monopol- oder Finanzkapitals. Der Faschismus ist demgegenüber die offene Diktatur, er ist die Fortsetzung des Imperialismus mit anderen Mitteln. – Das ist ganz wesentlich, der Faschismus steht nicht irgendwie als Sonderfall außerhalb der Geschichte, der nicht fassbar wäre, sondern ganz im Gegenteil.

2. Der Faschismus hat bestimmte *Zielsetzungen* und *Funktionen.* Die erste Zielsetzung ist nicht nur die Unterdrückung, sondern die Vernichtung der revolutionären Arbeiterbewegung, nebenbei geht es auch um die Ausschaltung der Sozialdemokratie. Beides dient der Monopolisierung der politischen Macht, egal ob dies nun in Form eines Ein-Parteien-Systems oder in Form eines angeblichen "Ständestaates" etc. geschieht. Diese offene politische Diktatur soll der monopolkapitalistischen Ausbeutung zunächst der eigenen Bevölkerung dienen – die Beseitigung der revolutionären wie der reformistischen Arbeiterorganisationen soll diesbezüglichen Widerstand verunmöglichen. Diese innere Ausbeutung hat ihre Grenzen, daher strebt der Faschismus auch nach einem größeren Anteil bei der imperialistischen Neuaufteilung der Welt, egal ob das große faschistische Deutschland gleich um die globale Hegemonie kämpft oder ob kleinerer faschistische Staaten wie Österreich oder Ungarn als „Juniorpartner" in faschistischen Bündnisstrukturen versuchen, geringere regionale Kuchenstücke, etwa in Ost- und Südosteuropa zu erlangen.

3. Der Faschismus bedient sich zur Umsetzung all dieser Ziele bestimmter *Methoden*. Die zentralste hierbei ist die terroristische Form der Herrschaftsausübung, d.h. Terror und Verfolgung sind unweigerlich Eckpunkte der faschistischen Diktatur, die Intensität kann freilich variieren. Darüber hinaus bedient sich der Faschismus in der Regel eines recht dumpfen Chauvinismus und Nationalismus, eventuell des Rassismus, um dem eigenen Regime im Volk eine gewisse Klammer zu geben. In beiderlei Hinsicht, bezüglich Terrorregime wie bezüglich der scharfen Abgrenzung nach außen, ist natürlich ein gewisser Militarismus immer mit dem Faschismus verbunden.

Damit haben wir nun also schon unsere Faschismusanalyse skizziert. Diese ist klarerweise kein Selbstzweck, sie kann nur Teil einer umfassenderen Faschismustheorie sein, die natürlich auch eine antifaschistische Strategie benötigt. Und diese antifaschistische Strategie ergibt sich folgerichtig aus der Faschismusanalyse.

Antifaschismus

Welche strategischen Implikationen ergeben sich nun aus den angeführten Punkten?

1. Das zentrale Angriffsziel des Faschismus ist die revolutionäre Arbeiterbewegung, d.h. sind die kommunistischen Organisationen. In zweiter Linie werden es auch die reformistischen, also sozialdemokratischen Organisationen. – Daraus folgt, dass unbedingte Voraussetzung einer erfolgreichen antifaschistischen Bewegung im Kern zumindest die Aktionseinheit der Organisationen der Arbeiterklasse verwirklichen muss, also das, was man klassisch als proletarische Einheitsfront nannte.

2. Der Faschismus will eine politische Alleinherrschaft erreichen, er will die politische Macht monopolisieren, eine offene Diktatur errichten. D.h. das nächste Angriffsziel des Faschismus ist die Demokratie – und diese ist natürlich unbedingt und bedigungungslos gegen den Faschismus zu verteidigen, egal ob aus liberaler, sozialdemokratischer oder auch kommunistischer Sicht. – Daraus folgt also zweitens, dass eine antifaschistische Bewegung ein Bündnis der proletarischen Einheitsfront mit allen demokratischen, republikanischen Kräften bedeuten muss.

3. Der Faschismus bedeutet Militarismus und letztlich Krieg. – Daraus folgt drittens, dass eine antifaschistische Bewegung ein Bündnis der proletarischen Einheitsfront mit allen friedliebenden, pazifistischen Kräften bedeuten muss, egal ob es sich dabei um Menschen religiöser oder humanistischer Motivation, um Menschen mit bäuerlichem, proletarischem oder bürgerlichem Background handelt.

4. Der Faschismus unterdrückt breite Schichten der Bevölkerung weit über das Proletariat hinaus nicht nur politisch, sondern – wie es im Imperialismus ohnedies grundsätzlich der Fall ist – auch in verstärktem Ausmaß ökonomisch und sozial. D.h. der Faschismus an der Macht, auch wenn er vor seiner Machtergreifung eine gänzlich andere Propagandaschiene fährt, ruiniert erstrecht die Bauernschaft, die Mittelschichten in Stadt und Land, das Kleinbürgertum, das widersprüchlicher Weise zumeist die soziale Basis, oft, aber nicht unbedingt eine Massenbasis des Faschismus darstellt. – Die antifaschistische Bewegung, getragen durch das Kernstück der proletarischen Einheitsfront, muss also das Bündnis auch mit diesen Kräften suchen, denen ihr realer Gegensatz zum Faschismus jedoch oft erst zu offenbaren ist. Objektiv aber stehen alle nicht-monopolistischen Klassen und Schichten im Gegensatz zum Faschismus. Und dies ist die objektive Möglichkeit der Schaffung einer breiteren antifaschistischen Volksfront auf Basis der proletarischen Einheitsfront.

Dies sind die strukturellen, organisatorischen Fragen – die inhaltlichen Aufgaben im Rahmen der antifaschistischen Volksfront liegen ebenso auf der Hand. Im Rahmen der antifaschistischen Volksfront müssen gemeinsame Ziele propagiert und verfolgt werden – und so ein Ziel heißt demokratische Republik, eventuell Volksdemokratie; wer aber auf linksradikaler Seite glaubt, die faschistische Diktatur unbedingt mit der sozialistischen Revolution stürzen zu müssen, wird die antifaschistischen Kräfte nur spalten: eine starke und erfolgreiche Volksbewegung aller antifaschistischen Kräfte ist nur dann möglich, wenn die etwa die Bauernschaft und die Mittelschichten nicht mehr Angst vor dem Sozialismus haben als vor dem Faschismus – denn genau darauf setzen nämlich die Faschisten. Die weitere Ausrichtung ergibt sich durch Negative zum Wesen der faschistischen Diktatur. Antifaschisten müssen jedem Chauvinismus und Nationalismus entgegentreten – und der Kampf um nationale Selbstbestimmung steht dazu nicht im Gegensatz. Antifaschisten müssen eine klare antimilitaristische Ausrichtung haben, der Volkskrieg ist nur ein Mittel, um alle Krieg zu beenden. Und Antifaschisten müssen dies auch nach außen umsetzen, d.h. jede imperialistische Kriegspolitik ablehnen, daher ist die antiimperialistische Solidarität unbedingter Bestandteil einer antifaschistischen Ausrichtung. – Zuletzt müssen aber auch klar die Schuldigen benannt werden: Antifaschismus bedeutet Antimonopolismus und Antiimperialismus.

Objektiv richten sich alle antifaschistischen Ansätze unweigerlich gegen die Interessen der Monopole, ob dies allen AntifaschistInnen nun bewusst ist oder nicht. Den Faschismus an der Wurzel auszurotten, verlangt aber letztlich ohnedies, den Imperialismus zu besiegen. Dies ist die historische Aufgabe des Proletariats. Sie verlangt Klassenbewusstsein, eine revolutionäre Strategie und Taktik und auf dieser Basis die organisierte Kampfeinheit der ArbeiterInnenklasse und ihrer Verbündeten. Diese werden schlussendlich unbesiegbar sein, denn Milliarden unterdrückter Menschen werden stärker sein als eine Handvoll unterdrückender Milliardäre.

In seinem Überlebenskampf wird der Imperialismus versuchen, sich aller Gewaltmittel zu bedienen, insbesondere abermals des Mittels des Faschismus. Ob er damit erfolgreich sein wird, hängt von der Entschlossenheit und Stärke der antifaschistischen Kräfte ab, deren Zentrum die einigen revolutionären Kräfte sein müssen. Somit ist eine Erfolgsfrage des Antiimperialismus wie des Antifaschismus und somit des Antikapitalismus im Allgemeinen letztlich eine Frage der revolutionären Organisierung der arbeitenden Menschen.

Eine revolutionäre Organisierung verlangt eine integrale revolutionäre Theorie. Sie muss den Kampf für Demokratie und Frieden mit dem Kampf für eine sozialistische Gesellschaft verbinden. Wer die Aussage „Nie wieder Faschismus!“ ernst meint, wird um die Frage der Gesellschaftsformation nicht herumkommen. Insofern bleibt es Aufgabe der fortgeschrittensten Kräfte, der revolutionären Kräfte in antifaschistischen Bündnissen und Bewegungen, die Notwendigkeit eines revolutionären Antiimperialismus und Antimonopolismus auch im Bewusstsein zu verankern. Schlussendlich ist die einzige Garantie, die Gefahr des Faschismus für immer aus der Welt zu schaffen, die Überwindung des Imperialismus selbst. Nur wenn diejenigen monopolkapitalistischen Kräfte, deren Instrument der Faschismus ist, umfassend entmachtet werden, so ist diese Gefahr gebannt. Zugespitzt steht die Menschheit früher oder später immer wieder vor den

Alternativen: Sozialismus oder Barbarei – und die höchste Form der imperialistischen Barbarei bleibt der Faschismus.

Im Internet veröffentlicht auf www.kominform.at am 21. April 2007.

Zum Charakter des Faschismus

Georgi Dimitroff charakterisierte den Faschismus 1935 im Sinne einer besonderen bürgerlichen Herrschaftsform als *„die offene terroristische Diktatur der reaktionärsten, der am meisten chauvinistischen, am meisten imperialistischen Elemente des Finanzkapitals.“* [1] Damit ist in wenigen Worten bereits recht viel über Ursache, Herkunft, Funktion und Zielsetzung des Faschismus gesagt, daher an dieser Stelle nur eine kurze Rekapitulation.

Der spezifische Klassencharakter des Faschismus ist ein finanzkapitalistischer, d.h. er markiert die Herrschaft der Monopolbourgeoisie oder der Finanzoligarchie (genauer: der aggressivsten Teile derselben), womit seine historische Verortung gleichzeitig am monopolkapitalistischen Stadium des Kapitalismus, am Imperialismus [2] festgemacht ist. Palmiro Togliatti stellte die Behauptung auf: *„Man kann nicht das Wesen des Faschismus bestimmen, wenn man nicht den Imperialismus kennt.“* [3] Dies ist deshalb von Bedeutung, weil der Faschismus als äußerste Konsequenz imperialistischer Barbarei nicht nur auf dem Boden des Imperialismus entsteht, sondern auch das ureigenste Produkt desselben ist. Der Drang des Monopolkapitals nach Reaktion und Gewalt sowie nach unbeschränkter politischer Alleinherrschaft entspringt dem ökonomischen Zwang, Monopolprofite zu erlangen. Das ist die ökonomische Grundlage des Faschismus. Doch faschistische Form nimmt dieser Drang erst mit dem Eintritt des Kapitalismus ins Stadium seiner allgemeinen Krise an, d.h. mit dem Ersten Weltkrieg und verstärkt durch dessen Folgen. [4]

Was ist weiters über die Charakteristik des Faschismus zu sagen, wenn wir die oben zitierten Worte Dimitroffs auffächern? [5] – Der Faschismus ist die offene Diktatur im Gegensatz zur verdeckten des bürgerlich-demokratischen Parlamentarismus; er ist Terrorherrschaft im Gegensatz zum bürgerlichen Rechtsstaat; die Ausrichtung der faschistischen Diktatur ist besonders reaktionär, d.h. nicht nur antiliberal, sondern vor allem konsequent und möglichst eliminatorisch antisozialistisch und antikommunistisch, eben auch antizipiert konterrevolutionär; der Faschismus stützt sich zumeist auf einen überaus chauvinistischen Nationalismus, im Inneren wie nach außen; zuletzt bedeutet der Faschismus eine aggressive Außenpolitik, nicht nur diplomatischer, sondern vor allem ökonomischer und auch militärischer Natur, wobei dies in seiner Intensität immer nach Maßgabe der regionalen und globalen Stärke des betreffenden Staates zum Ausdruck kommt.

Nur besteht kein Zweifel am faschistischen Charakter der NS-Diktatur, d.h. „Hitler-Deutschlands“ – im Gegenteil, der deutsche Faschismus gilt gemeinhin (und durchaus berechtigt) als klassisches Beispiel des Faschismus. „Klassisch“ bedeutet jedoch nicht, dass im Rahmen einer Faschismusbestimmung jedes Diktaturregime an der Intensität und den speziellen Ausprägungen des NS-Faschismus zu messen ist, sondern nur, dass im deutschen Fall alle Aspekte des Faschismus in besonders deutlicher, extremer und „reiner“ Form zutage getreten sind. Die Bestimmung eines Regimes als faschistisch kann also gerade nicht mit der deutschen Schablone vorgenommen werden, was für uns von wesentlicher Bedeutung ist.

Denn in Österreich war und ist umstritten, ob bezüglich des Dollfuß- und Schuschnigg-Regimes von 1934 bis 1938 überhaupt von einer faschistischen Diktatur gesprochen werden soll, ob es sich nicht „nur“ um ein „autoritäres Regime“ gehandelt hätte oder um ein Art „Halbfaschismus“ (Otto Bauer). Insofern wird der Terminus „Austrofaschismus“ bezüglich seiner inhaltlichen Richtigkeit generell in Zweifel gezogen – und dies durchaus in vermeintlichen „Standardwerken“ zum Thema [6] sowie auch von prominenten sozialdemokratischen Historikern. Dies kann zweierlei Gründe haben: Einerseits, im „gut gemeinten“ Fall, werden angeblich fehlende Merkmale, wie z.B. die fehlende Massenbasis des Austrofaschismus, angeführt, die jedoch keineswegs konstituierende Merkmale des Faschismus sind – so sieht z.B. Reinhard Kühnl, durchaus ein linker Faschismusforscher, dem selbstverständlich keinerlei Beschönigungsintention bezüglich des Ständestaatregimes zu unterstellen ist, Österreich 1934-1938 lediglich als „Grenzerscheinung des Faschismus“. [7] Andererseits – und dies ist die schäbige Variante – hat man es mit (bürgerlichen und auch sozialdemokratischen) Vertretern der antikommunistischen Totalitarismus-Doktrin zu tun, die einerseits den Kapitalismus von jeder Verantwortung für den Faschismus freisprechen und zugleich den Sozialismus pauschal diskreditieren möchten. [8]

Keine Überraschung ist es jedenfalls, wenn in Österreich konservative bürgerliche Kreise den faschistischen Charakter des „Ständestaates“ in Abrede stellen möchten, denn es war ja die unmittelbare Vorläuferorganisation der heutigen ÖVP, die Christlichsoziale Partei (CSP), die mithilfe der zur paramilitärischen Vorfeldorganisation degradierten Heimwehrbewegung das fragliche Diktaturregime errichtet hat, wobei die personellen Kontinuitäten bezüglich CSP, Heimwehr, der austrofaschistischen Einheitspartei „Vaterländische Front" und ÖVP eben allzu evident sind.

Durchaus bemerkenswert ist jedoch, dass man sich mitunter auch in der Sozialdemokratie um die Reinwaschung des „Ständestaates" vom „Faschismusvorwurf" bemühte und bemüht. Berechtigt wurde Otto Bauer, Chefideologe des so genannten „Austromarxismus" der österreichischen Sozialdemokratie, bezüglich seiner Faschismusauffassung bereits in den 1920er Jahren von Clara Zetkin [9] und in den 30er Jahren von Dimitroff scharf kritisiert. Dennoch ist Bauer zuzugestehen, dass er sich in seinen letzten Lebensjahren im Exil, nach der Niederlage der österreichischen Sozialdemokratie, „nach links" entwickelt und der marxistisch-leninistischen Faschismustheorie durchaus angenähert hat. 1936 erkennt Bauer den Faschismus als *„schrankenlose Diktatur des Großkapitals und des Großgrundbesitzes"* und definiert auch den Austrofaschismus in diesem Sinne, während er aber auf dessen Eigenheiten, insbesondere bezüglich seiner Entstehung und Machtmechanismen, hinweist. [10]

Tatsächlich ist es so, dass das austrofaschistische Regime im Rahmen einer Typologie des Faschismus nicht leicht einzuordnen ist und gravierende Besonderheiten aufweist. *„Das österreichische Ständestaatsregime"*, schreibt Kurt Gossweiler, *„hat sich nach dem Februar 1934 und der Maiverfassung als die österreichische Ausprägung einer faschistischen Diktatur entfaltet. Damit ist zugleich gesagt, dass sie trotz vielfacher Ähnlichkeiten keine Kopie irgendeines anderen faschistischen Regimes war, weder in ökonomischer noch in politischer oder ideologischer Hinsicht. Die Besonderheiten der Existenzbedingungen des österreichischen Kapitalismus – vor allem die Spaltung der Monopolbourgeoisie und dementsprechend auch des Faschismus in ein großdeutsches und ein österreichisches Lager, die Abhängigkeit des kleinen Landes von den europäischen Großmächten und auch von seinen unmittelbaren Nachbarn – um nur diese Faktoren zu nennen –, mussten dem Austrofaschismus ihren Stempel aufdrücken."* [11]

So nimmt der Austrofaschismus eine Zwischenstellung ein zwischen den beiden Haupttypen der faschistischen Diktatur, nämlich zwischen der totalitär-faschistischen Diktatur („Massenparteifaschismus“; Hitler-Deutschland, Mussolini-Italien) und der autoritär-faschistischen Diktatur („Militärfaschismus“, Horthy-Ungarn, Pinochet-Chile). Der Austrofaschismus weist Elemente beider Varianten sowie ganz eigentümliche Besonderheiten auf.

Der faschistische Charakter der Dollfuß- und Schuschnigg-Diktatur ist dadurch jedoch nicht in Frage gestellt. Im Sinne der Dimitroff-Definition war diese durchaus die offene, terroristische Diktatur der reaktionärsten, chauvinistischsten und aggressivsten Kräfte des österreichischen Großkapitals und Großgrundbesitzes.

Endnoten:

[1] Dimitroff, Georgi: Die Offensive des Faschismus und die Aufgaben der Kommunistischen Internationale im Kampf für die Einheit der Arbeiterklasse gegen den Faschismus. In: Ausgewählte Werke, Frankfurt/M. 1972, Bd. 2, S. 105
[2] vgl. Lenin, W. I.: Der Imperialismus als höchstes Stadium des Kapitalismus. In: Lenin-Werke, Bd. 22, S. 189-309
[3] Togliatti, Palmiro: Lektionen über den Faschismus. Frankfurt/M. 1972, S. 9
[4] vgl. Gossweiler, Kurt: Über Ursprünge und Spielarten des Faschismus. In: Aufsätze zum Faschismus, Köln 1988, Bd. II, S. 579ff.
[5] vgl. Zenker, Tibor: Was ist Faschismus? Wien 2006
[6] vgl. Holtmann, Everhard: Zwischen Unterdrückung und Befriedung – Sozialistische Arbeiterbewegung und autoritäres Regime in Österreich 1833-1938. Wien 1978
[7] vgl. Kühnl, Reinhard: Faschismustheorien. Reinbek bei Hamburg 1979, S. 241-252
[8] vgl. Gossweiler, Kurt: Die bürgerliche Faschismustheorie und Faschismusforschung in der Krise. In: Aufsätze zum Faschismus, Köln 1988, Bd. II, S.369-413
[9] vgl. Zetkin, Clara: Der Kampf gegen den Faschismus. In: Protokoll der Konferenz der Erweiterten Exekutive der Kommunistischen Internationale, Moskau, 12.-23. Juni 1923, Hamburg 1923, S. 204-232
[10] Bauer, Otto: Der Faschismus. In: Kliem, Kurt u.a. (Hg.): Faschismus und Kapitalismus, Wien 1967, S. 143-167

[11] Gossweiler, Kurt: Faschistische Bewegungen und faschistische Diktatur in Österreich. In: Aufsätze zum Faschismus, Köln 1988, Bd. II, S. 679

Auszug aus dem Buch: „Österreich 1938“, Wien 2008, S. 10-13.

Konservativismus, Monopolbourgeoisie und Faschismus

Bisher war es HistorikerInnen und Menschen, die unfallfrei Google bedienen können, bekannt – jetzt weiß es auch eine breitere Öffentlichkeit: Schloss Lannach, Familien- und Unternehmenssitz der Bartensteins, war eine Außenstelle des Konzentrationslagers Mauthausen und Experimentierfeld der SS Heinrich Himmlers. Kann ÖVP-Wirtschaftsminister Martin Bartenstein etwas dafür? Nein, natürlich nicht. Aber die gegenwärtige Reaktion Bartensteins auf diese mediale Enthüllung enthüllt wieder einmal recht hübsch und exemplarisch das Verhältnis der ÖVP zum Faschismus...

Herr Bartenstein als historischer Agnostiker

Bleiben wir zunächst bei Herrn Bartenstein, der von der Vergangenheit seines Schlosses nichts gewusst haben will. Ist es glaubwürdig, dass ein gebildeter Mann wie Bartenstein, der zumindest beim Schuhkauf kein Blödmann ist, tatsächlich in der steirischen Zeitgeschichte ebenso wenig bewandert ist wie Arnold Schwarzenegger? In diesem Fall kann man von Glück reden, dass es in den 60er Jahren noch keinen PISA-Test gab. Aber warum soll man Herrn Bartenstein auch nicht glauben? Er hat doch erst im Oktober 2005 seine völlige historische Inkompetenz unter Beweis gestellt: als der Erfolg der KPÖ Steiermark bei der Landtagswahl absehbar war, meinte er, es werde ihm übel, wenn 60 Jahre nach Kriegsende – also im viel beschworenen allgemeinen „Gedenkjahr“ – plötzlich wieder Kommunisten in einem Parlament vertreten wären.

Was heißt das implizit, was suggerierte Bartenstein – wohl doch durchaus bewusst – damit? Dass die KommunistInnen – und nicht der Faschismus – für den imperialistischen Krieg die Verantwortung hätten. Damit verkehrte er nicht nur Opfer und Täter, sondern auch Widerstand und Terrorherrschaft. Herr Bartenstein könnte heute nicht sein auf demokratischem Wege erlangtes Amt ausüben, hätten nicht gerade die österreichischen KommunistInnen und insbesondere die Rote Armee der Sowjetunion gegen den Faschismus gekämpft und den Krieg siegreich beendet. Somit wollte Bartenstein offenbar davon ablenken, dass es nämlich seine Partei war, die selbst Trägerin des Faschismus war, während die KPÖ den Faschismus (nämlich den österreichischen ebenso wie den deutschen) am konsequentesten bekämpft hat. Manch einer könnte angesichts dessen fast annehmen, Herr Bartenstein würde in Wahrheit *genau dies* den KommunistInnen zur Last legen wollen…

Oder aber Herr Bartenstein, Multimillionär als Pharmaunternehmer, weiß womöglich um den monopolkapitalistischen Klassencharakter des Faschismus und somit um die wirklichen Verantwortlichen für den imperialistischen Zweiten Weltkrieg und die faschistischen Gräuel der 30er und 40er Jahre des 20. Jahrhunderts: *„Der Faschismus an der Macht ... ist ... die offene terroristische Diktatur der reaktionärsten, der am meisten chauvinistischen, am meisten imperialistischen Elemente des Finanzkapitals“*, sagte Georgi Dimitroff prägnant und treffend. [1] In Österreich zählt die Familie Bartenstein zweifelsohne zur Monopolbourgeoisie – da ist es nahe liegend, dass sie kein Interesse an der Enthüllung des Klassencharakters und der Ursache des Faschismus hat.

Die ÖVP und der Austrofaschismus

Doch gilt dies natürlich für die gesamte ÖVP seit 1945, die einer Neugründung der Christlichsozialen Partei (CSP) unter neuem Namen entspricht. Die CSP hat 1934 in Österreich eine faschistische Diktatur „von oben“ errichtet. Nicht unlogisch, dass die ÖVP versucht, bezüglich des Austrofaschismus diesem den faschistischen Charakter überhaupt abzusprechen: seitens der bürgerlichen Wissenschaft und der ÖVP ist dies logisch, doch auch die Sozialdemokratie ist hierbei hilfreich; die Mär der „geteilten Schuld“ und Otto Bauers Charakterisierung eines angeblichen „Halbfaschismus“ in Österreich 1934-1938 liefern die Grundlage. Die ÖVP hat freilich ein besonders perfides Verhältnis zur austrofaschistischen Diktatur, bekanntermaßen hängt in den ÖVP-Räumlichkeiten des Parlaments in Wien nach wie vor ein Porträt des faschistischen Diktators Engelbert Dollfuß. Dies ist nur eine optische Bestätigung, begründen tun dies Leute wie Andreas Khol. Auf die Frage, wie die Dollfuß-Diktatur einzuschätzen sei, antwortete Khol in einem Interview mit der Tageszeitung „Die Presse“: *„Mein Urteil gründe ich auf die internationale Wissenschaft. Auf der einen Seite hat der bedeutende Historiker Dan Diner klar dargestellt, dass das gesamte Europa ab 1930 mit ganz wenigen Ausnahmen in den Faschismus und in den Nationalsozialismus hineindriftete und dass Österreich ein Land des Widerstandes war. Stanley Payne, ein anerkannter amerikanischer Faschismusthe-*

oretiker, sagt, dass es Dollfuß gelungen ist, eine Bastion gegen den Nationalsozialismus aufzubauen. Ich sage aber gleich: Dollfuß war in dem, was er nach der Ausschaltung des Parlaments tat, kein Demokrat. Niemand kann das entschuldigen, er ist durch einen Putsch an die Macht gekommen, und das war eine Diktatur. Aber es war kein Faschismus, weil alle Wesensmerkmale des Faschismus fehlen. (...) Dass wir in Dollfuß das Opfer für Österreich sehen, das erste Opfer Hitlers und das Symbol für den Widerstand gegen den Nationalsozialismus, ist unsere Meinung. Ich habe die Fehler, die er begangen hat, schon geschildert, und ich rechtfertige sie nicht. Aber es ist unbestritten, dass er an der Wurzel der österreichischen Nation stand, und das Österreich-Bewusstsein, das nach dem Zweiten Weltkrieg immer stärker Fuß gefasst hat, kommt aus dieser Zeit (...) Es gibt Schattenseiten, es gibt Lichtseiten. Was wir an Dollfuß nach wie vor würdigen, ist sein Opfer, das Opfer seines Lebens, der Kampf gegen den Nationalsozialismus - dafür steht er als Sinnbild des Anti-Nationalsozialismus und als Sinnbild des persönlichen Opfers." [2]

Na wunderbar! Khol gibt sich alle Mühe, den österreichischen Faschismus zu verharmlosen, ja gar als historische Notwendigkeit zu rechtfertigen. Dollfuß, der selbst eine Terrordiktatur errichtet hat und würdig als Arbeitermörder betitelt werden kann, war also eigentlich ein Antifaschist oder – Khol verwendet schon das richtige Wort – ein Anti-Nationalsozialist. So wird der antinationale Totengräber des demokratischen Österreichs flugs zum Urheber und Verteidiger der österreichischen Nation. Die faschistische Diktatur „christlich-sozialer" Provenienz wird so zum legitimen Mittel im Kampf gegen den Konkurrenzfaschismus. Doch das *„konkurrierende Nebeneinander einer großdeutsch-faschistischen und einer austrofaschistischen Bewegung war die unvermeidliche Konsequenz der Spaltung der herrschenden Klasse Österreichs in einen großdeutschen und einen auf die Erhaltung der Souveränität Österreichs als zweitem deutschen Staat bedachten Flügel."* [3] D.h. es gab durchaus identische Zielsetzungen des österreichischen NS-Faschismus und des „christlich-sozialen" Austrofaschismus, nämlich bezüglich der grundsätzlichen Funktionen der zu errichtenden faschistischen Diktatur sowie der grundsätzlich großdeutsch zu denkenden nationalen Frage. Uneinigkeit herrschte bloß bezüglich der Einordnung dieser Diktatur in der faschistischen Bündnispolitik in Europa. Konkurrenzfaschistische Scharmützel als antifaschistischen Widerstand zu heroisieren, wie es in der ÖVP üblich ist, ist schon ziemlich beachtlich. Neuerdings will die ÖVP gar parlamentarische Gedenkfeiern zum Todestag von Dollfuß im Nationalrat abhalten… – Auch ansonsten scheut die ÖVP natürlich die klare Distanzierung von der austrofaschistischen Diktatur: in Texing steht das Dollfuß-Museum und die Kernstock-Straßen durchziehen noch immer das Land (woran die anderen Parteien jedoch mitschuldig sind, denn solche gibt es z.B. im rosaroten Strasshof ebenso wie im schwarz-grün regierten Klosterneuburg).

Faschismus und Monopolkapital

Diese gesamte Haltung der ÖVP ist freilich kein Zufall und auch nicht auf willkürliches reaktionäres Gedankengut zurückzuführen – sie ist logisches Ergebnis des Charakters der ÖVP, die in Österreich die Hauptpartei des Großkapitals und Großgrundbesitzes ist. Die personellen Kontinuitäten von CSP/Heimwehr, faschistischer Vaterländischer Front und ÖVP sind kaum überschaubar, die Herren Raab und Figl sind klarerweise die bekanntesten Fälle. Doch personelle Kontinuitäten sind eben nur Ausdruck dahinter stehender politisch-ökonomischer Kontinuitäten, nämlicher jener des Kapitalismus in seinem imperialistischen Stadium. *„Der politische Überbau über der neuen Ökonomik, über dem monopolistischen Kapitalismus“*, erklärte Lenin, *„ist die Wendung von der Demokratie zur politischen Reaktion. Der freien Konkurrenz entspricht die Demokratie. Dem Monopol entspricht die politische Reaktion.“* [4] Im Imperialismus entwickelt das Monopolkapital den Drang auch zur politischen Alleinherrschaft. Warum? *„Dieser Drang“*, schreibt Kurt Gossweiler, *„ergibt sich aus dem objektiven Zwang, zur Sicherung der für das Überleben im Konkurrenzkampf der Monopolriesen notwendigen Akkumulation nicht nur den einfachen, ‚normalen' Durchschnittsprofit, sondern Extraprofite, Monopolprofite, zu erzielen. Der Monopolprofit wird auf Kosten der gesamten Gesellschaft erzielt. Die bürgerliche Demokratie und der bürgerliche Parlamentarismus belassen aber den nichtmonopolistischen Klassen und Schichten immerhin noch - wenn auch begrenzte - Möglichkeiten, sich gegen die verstärkte Ausbeutung und Ausplünderung durch das Monopolkapital und den mit ihm verfilzten Großgrundbesitz zur Wehr zu setzen. Daher bei letzteren das Streben nach Beseitigung dieser Möglichkeiten, nach Beseitigung der parlamentarischen Demokratie und Errichtung ihrer uneingeschränkten, offenen Diktatur, in welcher Gestalt und unter welchem Namen auch immer.“* [5]

Lenins Worte und Gossweilers Erläuterungen sind als grundsätzliche Tendenz zu verstehen, die im Imperialismus und erstrecht im staatsmonopolistischen Kapitalismus immer gegeben ist. Insofern muss festgehalten werden, dass der Faschismus auch kein Sonderfall, kein historischer Zufall oder gar „Betriebsunfall“ im und des Kapitalismus ist. Nein, der Faschismus ist die äußerste Konsequenz des dem Imperialismus unweigerlich innewohnenden Drangs nach Reaktion und Gewalt, des absoluten Herrschaftsstrebens des Finanzkapitals auch in politischer Hinsicht. Der Faschismus ist – nach Eintritt des Kapitalismus in seine allgemeine Krise (dies ist das zweite Hauptmoment für das Aufkommen des Faschismus) – Ausdruck der äußersten negativen Konsequenz im Rahmen der Alternativen: Sozialismus oder Barbarei. Insofern, als das monopolistische Stadium des Kapitalismus die ökonomische Grundlage des Faschismus ist, kann man mit dem italienischen Kommunisten Palmiro Togliatti sagen: *„Man kann nicht das Wesen des Faschismus bestimmen, wenn man nicht den Imperialismus kennt.“* [6]

Betrachten wir Österreich, so hat der Faschismus eine wichtige Rolle erfüllt, wo er *„die Bedingungen für die vollständige Entwicklung des Stamokap geschaffen hat (nicht zuletzt auch mittels Einsatzes von ZwangsarbeiterInnen) und sie schlussendlich beschleunigte. Dafür stehen der Autobahnbau, kalorische und Wasserkraftwerke (1944 wurde die doppelte Elektrizitätsproduktion von 1937 erreicht), die Erhöhung der Erdölförderung von 37.000 Tonnen pro Jahr (1937) auf 1,2 Millionen (1944), die technische Optimierung des Eisenerzabbaus in der Steiermark, die Niederlassungen deutscher Rüstungsbetriebe in Österreich (z.B. Dornier in Vorarlberg oder Messerschmitt in Tirol) genauso wie etwa die Etablierung der Schwerindustrie v.a. in Oberösterreich, wo aus den ‚Hermann-Göring-Werken' ja nach dem Krieg die VOEST hervorging.“* [7] – Es sind dies Beispiele im Großen, wofür das Bartensteinsche Pharmaunternehmen ein "kleineres" einzelnes ist. Denn das Schloss Lannach war nicht nur ein KZ-Außenlager, sondern beherbergte auch das SS-Institut für Pflanzengenetik. Der Historiker Betrand Perz meinte nun dazu: *„Es ist erstaunlich, dass bereits 1947 ein Unternehmen an diesem Ort eingerichtet wurde, das sich wieder unter anderem mit pflanzlichen Heilmitteln beschäftigt.“* [8] – Dieses Unternehmen ist die Lannacher Heilmittel GmbH, an der sich die Familie Bartenstein in den 50er Jahren zunächst beteiligt und die sie 1966 zur Gänze übernommen hat. Nun, man kann dies einfach „erstaunlich“ finden, doch mit dem Wissen über den untrennbaren Zusammenhang zwischen Monopolkapitalismus und Faschismus kann man auch zu weiteren, nicht unbedingt an Zufallsgläubigkeit gebundenen Einschätzungen kommen…

Reaktionärer Konservativismus und die neofaschistische Gefahr

Wir haben also anhand der ÖVP gesehen, dass die teilweise, mehr oder minder subtile positive Konnotation des Faschismus in bürgerlichen Großparteien, im Konservativismus, ihren Platz hat. So gebildet (und der zweite mitunter gar „liberal") ÖVP-Politiker wie Khol und Bartenstein auch daherkommen, so bleibt ihre reaktionäre Ausrichtung offensichtlich. Es ist natürlich kein Zufall, dass unter Federführung solcher Leute nach der Nationalratswahl 1999 eine rechtsreaktionäre Koalitionsregierung mit der FPÖ Jörg Haiders zustande gekommen ist, unter deren Amtszeit sodann Leute vom ganz rechten Rand in diverse staatliche Gremien und Aufsichtsorgane gelangten, sowie dass es in diversen Ministerien, in der Exekutive und im Heer ein ebenso hinterfragenswertes Personalmanagement gab. Auch die auffällig guten Beziehungen zu den reaktionärsten Kräften in der katholischen Kirche sprechen für sich. – Man lässt sich also mit den fragwürdigsten rechtsextremen Leuten der österreichischen Politik und Gesellschaft ein, versucht dies aber natürlich zu vertuschen, indem möglichst „herzeigbare" Leute an der Spitze der Ministerien stehen sollen. Programmatisch aber passen Konservativismus und Rechtsextremismus tadellos zusammen.

Auf diese Weise besteht in allen Ländern die faschistische Gefahr „von oben" (auch wenn hier ausdrücklich angemerkt sei, dass weder Khol noch Bartstein derartige Zielsetzungen zugeschrieben werden sollen). Schließlich geht es vielmehr um reaktionäre Tendenzen und die grundsätzliche Interessenslage nach Klassenhintergründen, die ihre Auswirkungen auf den Staatsapparat haben. Der Faschismus kommt immer im Bündnis mit konservativen Kräften an die Macht. Unter diesen finden sich immer welche, die zu Vollstreckern der faschistischen Diktatur werden – das war in Deutschland in Bezug auf die NSDAP so, in Österreich hat die CSP gleich selbst die faschistische Diktatur von oben errichtet, dafür stehen insbesondere die CSP-Politiker Seipel und Dollfuß, aber auch Bundespräsident Wilhelm Miklas (1928-1938), die aus ÖVP-Sicht alle bis heute verehrenswert sind… – Ganz offensichtlich ist der reaktionäre Rand in einer bürgerlichen Großpartei auch in der BRD, d.h. bei CDU/CSU. Im Allgemeinen gehen die reaktionärsten Tendenzen hier zumeist von der bayrischen CSU aus, federführend war natürlich Franz Josef Strauß, 1961-1988 CSU-Vorsitzender. Wenn dieser sagte, rechts von der CSU dürfe kein Platz für eine weitere Partei sein, so meinte er nicht, dass es keine rechtsextreme/neofaschistische Partei geben dürfe, sondern dass die CSU selbst diesen Platz ausfüllen müsse (Edmund Stoiber gibt sich in der Form moderater als Strauß, ist aber wohl derselben Ansicht). – Ähnliche Figuren gibt es in allen Ländern, sei es z.B. jemand wie Sarkozy bei den französischen Bürgerlichen, die gesamte Aznar-Regierung in Spanien oder wahrlich nicht zuletzt Berlusconi in Italien: hier wurde versucht, die eigenständige Justiz auszuschalten, vermehrt reaktionär-autoritäre Verfassungsbestimmungen durchzusetzen, Militär und Polizei zu Willkür- oder gar Terroraktionen einzusetzen (siehe Genua), etwaige nationale Unterdrückungsszenarien systematisch auszuweiten – und dies alles geschieht im systematischen Bündnis und mit gegenseitiger Unterstützung und Förderung zwischen reaktionär-konservativen, nationalistischen und neofaschistischen Gruppen.

Das Ganze, die Interessen der rechtsreaktionärsten Kreise in den konservativen Parteien und deren politische Umsetzung, hat (nicht nur in Italien oder Bayern) seine Auswirkung auf den Staatsapparat, der auf diese Weise selbst sein reaktionäres Potenzial zu einem faschistischen steigern kann – das ist ja auch die Zielsetzung der rechtsreaktionärsten Kreise in den konservativen, bürgerlichen Großparteien. Das Ganze wurzelt in der grundsätzlichen antidemokratischen Entwicklung des Ausbaus des Staatsapparats in eine verstärkt autoritäre Richtung. Konstantin Sarodow sagte schon vor einigen Jahren: *„Mit der Entwicklung des staatsmonopolistischen Kapitalismus werden verschiedene Teile des heutigen kapitalistischen Staatsapparats selbst immer mehr zu Trägern ultrareaktionärer Tendenzen. Es verstärkt sich die Tendenz zur reaktionären Selbstherrschaft der zivilen Bürokratie. Mit dem Abbau des Mechanismus der bürgerlichen Demokratie wächst die unkontrollierbare Einmischung der Exekutivorgane in alle Prozesse der Wirtschaft, des sozialen und kulturellen Lebens der Gesellschaft, und in den Händen der höchsten Beamten konzentriert sich eine gewaltige Macht. Gleichzeitig wird die Rechtsgrundlage für polizeiliche Repressalien in Form einer arbeiter- und volksfeindlichen Gesetzgebung geschaffen. Es erweitert sich die reale ökonomische und politische Macht des Mili-*

tär-Industrie-Komplexes. Er wird zu einer autarken Kraft, die sich immer mehr dem bürgerlich-demokratischen System entgegenstellt und es sich zu unterordnen sucht. Die Empfänglichkeit der reaktionären Militärkamarilla, der militärischen Kreise für die faschistische Ideologie ist angesichts der Verstärkung der Aggressivität des Imperialismus besonders gefährlich, sie kann sich auch in einer konservativen Reaktion auf die Erfolge des Kampfes für Frieden und Entspannung äußern." [9]

Somit schafft sich das Monopolkapital eine weitere Option für einen faschistischen Entwicklungsweg. Es ist der Weg einer stetigen Faschisierung, einer relativen weiteren Verselbständigung des Staatsapparates gegenüber dem Parlamentarismus, der Stärkung der Exekutive und des Militärs. Vorangetrieben wird dies durch die reaktionärsten bürgerlichen Kräfte in den konservativen Großparteien, die dazu die legislativen Möglichkeiten haben, durch ebensolche Personen in den staatlichen Institutionen. All dies soll die Entwicklungstendenz ermöglichen, auf dieser Basis im entscheidenden Moment die faschistische Diktatur „von oben" zu errichten – durchaus ähnlich wie in Österreich 1933/34. (Auch angesichts dieser historischen Analogie ist wie gesagt nicht ausgeschlossen, dass es zum offenen Bündnis der reaktionärsten konservativen Kräfte mit neofaschistischen und „rechtsextremen" Hilfskräften kommt.)

„Somit wächst die Gefahr", sagt Sarodow weiters, *„der immanenten Faschisierung der bürgerlichen Staatsmaschinerie, und auf dieser Grundlage greifen die Übergangsformen, die neofaschistische Formen zur Durchsetzung der Macht des Monopolkapitals, in denen sich Elemente der bürgerlich-demokratischen und der offen terroristischen Regimes verbinden, immer mehr um sich. Eine neue Gefahr taucht auf: Die allmähliche Umwandlung des bürgerlich-demokratischen Regimes in ein faschistisches, das die Möglichkeit schafft, die Reste des Parlamentarismus plötzlich zu beseitigen und eine Diktatur zu errichten."* [10]

Ein sehr gutes und vielleicht das beste diesbezügliche Beispiel der Gegenwart ist das Wirken der so genannten „Neocons", der „Neokonservativen", in den USA, die seit dem Amtsantritt von Präsident George W. Bush an der Macht sind, wenngleich Bush selbst wohl nicht gerade als Vordenker angesehen werden kann – die Regierung und die Beratungsgremien wurden jedoch entsprechend besetzt

(Cheney, Rumsfeld, Rice, Wolfowitz etc.). – Offen wird hier die Idee (und Praxis) einer weitgehend autoritären Regierung im Inneren, einer autoritären Außenpolitik ungeachtet des Völkerrechts und der UNO, einer – und deshalb ist das Wort „neoliberal“ völlig falsch – staatlichen Förderung der Ökonomie (d.h. der US-Monopolkonzerne) vertreten. Im Inneren bedeutet dies Demokratieabbau bis hin zu Willkürelementen, Repression gegenüber KritikerInnen, nach außen bedeutet dies letztlich Krieg. Ideologisch beruft man sich hierbei auf einen gewissen christlichen Fundamentalismus, auf ein entsprechendes messianisches Sendungsbewusstsein, dass auch nach außen getragen werden muss. So wird die angebliche Legitimation jeder politischen oder militärischen Aggression gegenüber anderen Staaten und Nationen zur Verteidigung und/oder Implementierung von Recht und Freiheit, von Demokratie und Moral. – Die Wahrheit ist hingegen simpel: es handelt sich um die gegenwärtige Strategie der reaktionärsten Teile des US-Monopolkapitals zur ungehinderten Entfaltung der imperialistischen Aggression. Es geht um die imperialistische Hegemonie, um den Kampf gegen jede antiimperialistische, radikaldemokratische oder gar sozialistische Emanzipationsbestrebung, im Inneren wie nach außen.

Was ist nun dagegen und gegen andere Formen neofaschistischer Gefahren zu tun? Im Jahr 2000 beantwortete Kurt Gossweiler in einem Interview, das für das Internationale Kommunistische Seminar in Brüssel geführt und aufgezeichnet wurde, die Frage „Was ist zu tun, um die Möglichkeit eines neuen Faschismus nicht Wirklichkeit werden zu lassen?“, prägnant und deutlich: *„Erstens: Wir müssen unsere Kraft und unseren Einfluss dafür einsetzen, dass jeder Angriff der Herrschenden auf die in langen Jahrzehnten errungenen demokratischen und sozialen Rechte auf eine möglichst breite und möglichst entschlossene Abwehr stößt. – Zweitens: Wir müssen immer wieder daran erinnern, was die Faschisten über ihr Volk und die ganze Menschheit gebracht haben. Die faschistischen Verbrechen dürfen nicht vergessen und nicht vergeben werden! – Drittens: Wir dürfen nicht müde werden, darüber aufzuklären, wessen Instrument der Faschismus war und nach wie vor ist. – Viertens: Wir müssen unermüdlich Klarheit darüber verbreiten, dass Antikommunismus Begünstigung des Faschismus bedeutet. – Fünftens: Wir müssen die Wahrheit zur Massenerkenntnis machen, dass, solange der Imperialismus herrscht, auch die Gefahr des Faschismus bestehen bleibt.*

Nur der Sozialismus kann der Menschheit eine Welt ohne Kriege und ohne Faschismus bringen." [11]

Fußnoten:

[1] Dimitroff, Georgi: Die Offensive des Faschismus und die Aufgaben der Kommunistischen Internationale im Kampf für die Einheit der Arbeiterklasse gegen den Faschismus. In: Ausgewählte Werke in zwei Bänden, Frankfurt/M. 1972, Bd. 1, S. 105
[2] „Wer ist schon makellos?" – Gespräch mit Andreas Khol. In: Die Presse, 5.3.2005
[3] Gossweiler, Kurt: Faschistische Bewegungen und faschistische Diktatur in Österreich. In: Aufsätze zum Faschismus, Köln 1988, Bd. II, S. 671
[4] Lenin, W. I.: Über eine Karikatur auf den Marxismus. In: Lenin-Werke, Bd. 23, S. 34
[5] Gossweiler, Kurt: Über Ursprünge und Spielarten des Faschismus. In: Aufsätze zum Faschismus, Köln 1988, Bd. II, S. 581f.
[6] Togliatti, Palmiro: Lektionen über den Faschismus. Frankfurt/M. 1973, S. 9
[7] Zenker, Tibor: Stamokap heute. Wien 2005, 2. Auflage, S. 32
[8] zitiert nach: Der Standard, 25.8.2006
[9] Sarodow, K. I.: Der gegenwärtige Faschismus und die Realität seiner Gefahr. In: Kühnl, Reinhard (Hg.): Texte zur Faschismusdiskussion 1. Reinbek bei Hamburg 1974, S. 197f.
[10] ebd., S. 198
[11] Faschismus und antifaschistischer Kampf gestern und heute – Gespräch mit Kurt Gossweiler (Berlin, 15. April 2000). Beitrag zum 9. Internationalen Kommunistischen Seminar (IKS), Brüssel, 2.-4. Mai 2000

Gedruckt veröffentlicht in: rotcrowd – Zeitung des KSV Graz, Nr. 8 (September 2006); im Internet veröffentlicht auf www.kominform.at am 26. August 2006 (unter dem Titel: „Himmler & Bartenstein – eine Zufallsbekanntschaft?").

Kleinbürgertum, Kapitalismus und Faschismus

Der Kleinbürger als solcher ist nach seiner sozialen Stellung der lebendige Widerspruch der fortgeschrittenen kapitalistischen Ökonomie und Gesellschaft. Karl Marx und Friedrich Engels, deren Werke in Zeiten der Weltwirtschaftskrise berechtigt, aber eben zu spät wieder entstaubt werden, schrieben 1848 zur Herausbildung und Position des Kleinbürgertums: *„In den Ländern, wo sich die moderne Zivilisation entwickelt hat, hat sich eine neue Kleinbürgerschaft gebildet, die zwischen dem Proletariat und der Bourgeoisie schwebt und als ergänzender Teil der bürgerlichen Gesellschaft stets von neuem sich bildet, deren Mitglieder aber beständig durch die Konkurrenz ins Proletariat hinabgeschleudert werden, ja selbst mit der Entwicklung der großen Industrie einen Zeitpunkt herannahen sehen, wo sie als selbständiger Teil der modernen Gesellschaft gänzlich verschwinden...“* [1]

Das Kleinbürgertum in seiner „einerseits/andererseits“-Existenz ist ein Überbleibsel der einfachen Warenproduktion, das in der kapitalistischen Gesellschaft eine Zwischenstellung einnimmt. Der Kleinbürger ist kein Kapitalist, der durch Kauf fremder Arbeitskraft und Einbehaltung des durch sie produzierten Mehrwerts Kapital akkumuliert, er ist aber auch kein Arbeiter, der seine Arbeitskraft gegen Lohn verkauft. Er steht zwischen den Hauptklassen der kapitalistischen Gesellschaft, wie er zwischen den Polen der Produktionsweise – Arbeit und Kapital – eingeklemmt ist. Er träumt vom Aufstieg in das Großbürgertum, steht in der Realität aber ständig vor der sozialen Deklassierung, vor dem Abstieg in die Arbeiterklasse. Und so fürchtet sich der Kleinbürger vor zweierlei: einerseits vor dem drohenden Ruin durch die Übermacht des (großen) Kapitals, politisch repräsentiert durch die bürgerlichen Parteien des Konservativismus und Liberalismus; andererseits vor der Enteignung durch die potenzielle Revolution der Arbeiterklasse, die er mehr oder minder berechtigt den Sozialdemokraten und den Kommunisten als Ziel unterstellt.

Zwischen diesen Fronten ist das Kleinbürgertum als Schicht des sozialen Widerspruchs unfähig, nachhaltig eigenständige politische Position zu entwickeln. Seine Anliegen haben punktuellen, oft emotionalen und irrationalen Charakter, ohne ideologische Systematisierung und Operationalisierung. Die politische Stellung des Kleinbürgertums ist daher wankelmütig, sie orientiert sich oft an begrenzten Bündnissen mit der einen oder der anderen Seite, oft in opportunistischer Weise, wenn die vorteilhaftere Position bereits klar auszumachen ist. Engels beschrieb dies auf Basis der zuvor erwähnten sozialen Stellung: „*Was die Kleinbürger, Handwerksmeister und Krämer betrifft, so werden sie sich immer gleich bleiben. Sie hoffen in das Großbürgertum sich emporzuschwindeln, sie fürchten ins Proletariat hinabgestoßen zu werden. Zwischen Furcht und Hoffnung werden sie während des Kampfes ihre werte Haut salvieren und nach dem Kampf sich dem Sieger anschließen. Das ist ihre Natur.*" [2]

In aller Regel jedoch ist dem Kleinbürger, der sich zu Unrecht als Unternehmer fühlt, sein Eigentum näher als seine Arbeit, d.h. er lehnt sich zumeist am Kapital und an dessen Parteien an. Dabei wünscht er sich die illusionäre Wiederherstellung eines frühkapitalistischen Zustandes, in dem die Freiheit des Individuums in der Warenproduktion verwirklicht ist und kein Druck des Großkapitals und der Banken existiert. Daher will der Kleinbürger „*entweder die alten Produktions- und Verkehrsmittel wiederherstellen und mit ihnen die alten Eigentumsverhältnisse und die alte Gesellschaft, oder er will die modernen Produktions- und Verkehrsmittel in den Rahmen der alten Eigentumsverhältnisse, die von ihnen gesprengt wurden, gesprengt werden mussten, gewaltsam wieder einsperren. In beiden Fällen ist er reaktionär und utopisch zugleich.*" [3]

Natürlich ist derartiges unmöglich, denn die kapitalistische Entwicklung lässt sich nicht „zurückschrauben", zumal sie ja auch einen objektiven Fortschritt darstellt. Und wäre es doch durchführbar, noch einmal neu an den Start des Frühkapitalismus zu gehen, so würde sich die Geschichte wiederholen: Der Kapitalismus der freien Konkurrenz vernichtet das kleine Eigentum, schafft und vermehrt das große, führt zur Konzentration und Zentralisation der Produktion und der Kapitale, bringt schließlich denselben Monopolkapitalismus hervor, in dem wir heute leben. So wünscht sich das Kleinbürgertum absurder Weise einen Zustand zurück, dessen ureigenste Mechanismen unweigerlich, regelrecht gesetzmäßig zum Abstieg des Kleinbürgertums und zur Monopolisierung des kapitalistischen Eigentums führen müssen.

So ist die Position des Kleinbürgertums ökonomisch, sozial und politisch ohne realen Ausweg. Das macht das Kleinbürgertum anfällig für falsche Heilsversprechungen, zum idealen Resonanzboden für soziale Demagogie, für rechten „Antikapitalismus", der sich sozialrevolutionär gebärdet und verspricht, die „schlimmsten Auswüchse" einer speziellen Kapitalismusvariante abzuschaffen – und somit: für den Faschismus. Trotzdem ist der überproportionale Übergang des Kleinbürgertums auf die Positionen des Faschismus, wie es in den 20er und 30er Jahren des vergangenen Jahrhunderts der Fall war, historisch zwar kein Zufall, aber doch eine Zufälligkeit, die seitens des Faschismus keineswegs beabsichtigt war.

Der Faschismus – als Bewegung wie als Herrschaftsform – ist immer ein Instrument des Großkapitals. Georgi Dimitroff, der zwei Jahre zuvor zu Unrecht im „Reichstagsbrandprozess" von den Nazis beschuldigt, aber dann doch freigesprochen worden war, stellte 1935 eine ebenso klassische wie umstrittene Definition auf, wonach der Faschismus „die offene terroristische Diktatur der reaktionärsten, der am meisten chauvinistischen, am meisten imperialistischen Elemente des Finanzkapitals" [4] sei. Diese Sichtweise wird nicht nur von bürgerlicher Seite brüskiert abgelehnt, sondern auch innerhalb der Linken nicht überall angenommen. Befreit man sich jedoch von allzu infantiler Polemik, so ist zu attestieren, dass Dimitroffs Definition tatsächlich wesentliche Kernpunkte trifft.

Nach Dimitroff ist der Faschismus als uneingeschränkte Herrschaft des Monopol- oder Finanzkapitals die Antithese zur bürgerlichen Demokratie des Liberalismus und zum bürgerlichen Rechtsstaat. Dies betrifft vor allem die Form. Dem Inhalt nach hat der Faschismus reaktionären und antizipiert konterrevolutionären Charakter, er ist das im Gefolge des Ersten Weltkrieges gefundene Mittel des Kapitals, der drohenden sozialistischen Revolution doch noch beizukommen sowie aus der Defensive wieder in die Offensive zu gelangen. Diese Funktion soll der Faschismus auf zwei Wegen bewerkstelligen: einerseits sollen die bestehenden linken Arbeiterorganisationen, d.h. sozialdemokratische und kommunistische Organisationen, aktiv und kompromisslos bekämpft, zerschlagen und vernichtet werden; andererseits soll aber deren Mitgliedschaft, also die Arbeiterklasse, für den Faschismus gewonnen werden, aus internationalistischen Sozialisten sollen „nationale Sozialisten" gemacht werden.

An dieser zweiten Aufgabenstellung, die das Kapital quasi in Auftrag gegeben hat, ist der historische Faschismus überall gescheitert.

[5] Die soziale Demagogie und die „sozialrevolutionäre“ Phraseologie des historischen Faschismus, insbesondere des Nationalsozialismus, konnte ihr eigentliches Ziel nicht erreichen. Es war nicht möglich, auf diese Weise aus der Arbeiterklasse eine Massenbasis für den Faschismus zu rekrutieren. Das heißt aber nicht, dass diese Propaganda wirkungslos war – sie hat sogar ausgezeichnet gegriffen, lediglich die eigentlich vorgesehene Zielgruppe wurde verfehlt. Angesprochen hat die „sozialrevolutionäre“ Ausrichtung des NS-Faschismus zwar nicht die Arbeiterklasse, dafür aber umso mehr das Kleinbürgertum (und die Bauernschaft, die sich in ähnlicher Lage wie das Kleinbürgertum befindet). Auf diese Weise erhielt der Faschismus in Deutschland und Österreich doch noch die angestrebte Massenbasis, wenngleich kleinbürgerlicher Herkunft, die freilich ebenso dankend angenommen – und instrumentalisiert – wurde.

Natürlich ist das Kleinbürgertum bei seinem Übergang zum Faschismus dessen falschen messianischen Versprechungen aufgesessen, allerdings auf der Grundlage jener eigenen Verantwortung, selbst von falschen Positionen ausgegangen zu sein. Der spezifische Klassencharakter des Faschismus ist nicht einfach ein allgemein bürgerlicher, sondern ein großkapitalistischer bzw., um wirklich präzise zu sein, ein monopolkapitalistischer, ein imperialistischer. Das Kleinbürgertum, das als nichtmonopolistische Gesellschaftsschicht objektiv im Gegensatz zum Monopolkapital steht, stellt sich widersprüchlicher Weise seinem ökonomischen Bedrücker und dessen Zielen, die gegen die eigenen Interessen gehen, als willfährige soziale Basis zur Verfügung. Der Grund liegt in jener vorgeblichen Ausrichtung des Faschismus, die ihn als dritte Front zwischen Bourgeoisie und Arbeiterklasse, zwischen Kapitalismus und Sozialismus erscheinen lässt – eine Ausrichtung, die zwar ideologisch-propagandistisch, aber nicht in der Wirklichkeit existieren kann.

Im 25-Punkte-Programm der NSDAP finden sich Abschnitte, v.a. in den Punkten 10 bis 18 [6], die in ihrer scheinbar „sozialrevolutionären“, in Wirklichkeit reaktionären, bloß angeblich „antikapitalistischen“ Ausrichtung die Gefühle und das falsche Bewusstsein des Kleinbürgertums ansprechen und auf fruchtbaren Boden fallen. Es geht gegen einen diffusen „Finanz- und Wucherkapitalismus“, gegen das „raffende Kapital“, gegen das Spekulantentum (man will also die „Probleme“ des Kapitalismus an der lediglich vermittelnden Zirkulationssphäre festmachen, wohingegen das Grundproblem des Kapitalismus natürlich in der Produktionssphäre zu finden wäre). Später wurde seitens der NSDAP dies alles mit dem Judentum – und zwar ausschließlich mit diesem – identifiziert, womit dem Kleinbürgertum gleich doppelt entsprochen wurde. Einerseits soll der moderne Kapitalismus von seinen „Schattenseiten“ befreit werden, was für das Kleinbürgertum ein geradezu bestechender Ansatz ist. Außerdem ist mittels irrationaler und in ihrer Umsetzung verbrecherischer rassistischer Ideologie der Sündenbock ebenfalls bereits gefunden, womit die eigentlich notwendige Konfrontation mit dem Großkapital (vorerst) ausbleiben kann.

Das ökonomisch und sozial bedrängte Kleinbürgertum erwartet sich vom Faschismus eine antimoderne Revolution. Mit diesem Anliegen wäre das Kleinbürgertum jedoch besser bei Proudhon, Bakunin oder Andreas Hofer aufgehoben gewesen als bei Hitler, Mussolini oder Dollfuß. Natürlich dachten die Verantwortlichen der NSDAP nicht im Traum daran, ihre „sozialrevolutionären“ Programmpunkte zugunsten der kleinen Selbständigen und Kleineigentümer wirklich in die Tat umzusetzen. Hinter dem NS-Regime standen die Deutsche Bank, Siemens, Thyssen und Krupp, die IG Farben (Bayer, Hoechst, BASF), Daimler etc. – kurz: die größten und wichtigsten Konzerne des deutschen Imperialismus. [7] Selbstverständlich hatte das deutsche Monopol- und Finanzkapital die NSDAP nicht zu dem Zweck an die Macht gebracht, um den Staat und die Gesellschaft sodann an seinen Profiten partizipieren zu lassen oder gar um enteignet zu werden, auf dass die Mittelschichten in Stadt und Land saniert werden. Der Faschismus an der Macht markiert jene Form des staatsmonopolistischen Kapitalismus, der die komplette Unterordnung des Staates und seiner Wirtschafts- und Finanzpolitik unter die Interessen des Monopol- und Finanzkapitals bedeutet. Nie und nimmer konnte der NS-Faschismus gegen das Monopol- und Finanzkapital vorgehen – er war ja gerade dessen Instrument –, sondern Aufgabe des Faschismus war es, die monopolkapitalistischen Akkumulationsbedingungen zu optimieren, die Profite zu steigern; und das bedingt unweigerlich auf der anderen Seite die weitere Bedrückung der Lage nicht nur der Arbeiterklasse, sondern auch des Kleinbürgertums und der Bauernschaft. Insofern ist ein antagonistischer Widerspruch zwischen dem imperialistischen (monopolkapitalistischen) Klassencharakter des Faschismus und seiner kleinbürgerlichen sozialen Basis zu konstatieren.

Das Kleinbürgertum hatte in Bezug auf die NSDAP also definitiv aufs falsche Pferd gesetzt. Indem es den Faschismus unterstützt, wird es beschleunigt selbstzerstörerisch aktiv. Faktum ist, wie Kurt Gossweiler feststellt, dass „*die Wirtschaftspolitik des Faschismus eindeutig das Monopolkapital favorisiert und die Existenzgrundlagen des Kleinbürgertums so brutal untergräbt wie kein anderes Regime vor ihm.*“ [8]

Im deutschen NS-Staat 1933-1945 herrscht eben ökonomisch und indirekt politisch niemand anderes als jenes deutsche Monopol- und Finanzkapital, das bereits zuvor in der Weimarer Republik und später in der BRD herrscht. Am monopolkapitalistischen, imperialistischen Klassencharakter des NS-Regimes und der NSDAP ändert weder deren oberflächliche „sozialrevolutionäre“ Rhetorik noch ihr kleinbürgerlicher Anhang etwas. Die faschistische Diktatur ist gegenüber der bürgerlichen Demokratie daher lediglich eine – allerdings äußerst gravierende – Änderung der Herrschaftsform, nicht aber der Herrschaftsverhältnisse; der kapitalistische Imperialismus formaler demokratischer Verfasstheit wird zum kapitalistischen Imperialismus faschistischer Form. Und daher ist es auch eine äußerst wichtige Feststellung, dass diejenige gesellschaftliche Kraft, die für den Faschismus und seine Verbrechen auf allgemeiner wie hintergründiger Ebene die Verantwortung trägt, nicht das Kleinbürgertum, sondern das Großkapital ist (die Frage der Verantwortung des Individuums in seinem Handeln ist allerdings noch eine andere). Für das Kapital ist das natürlich eine äußerst unbequeme Wahrheit und so bemüht man sich von bürgerlicher Seite, den spezifischen Klassencharakter des Faschismus möglichst zu verwischen und zu verschleiern, wofür man auch eine ganze Reihe faschismusapologetischer und „klassenneutraler“ Theorien aufstellt, die zwar wissenschaftlich in ärgerlichem Ausmaß wertlos, aber politisch zweckmäßig sind. [9]

Wenn man nun zur Erkenntnis kommen muss, dass das Kleinbürgertum mit dem Faschismus voller Enthusiasmus sein eigenes Verderben unterstützt, dann ist das natürlich ein Widerspruch von hohem Interesse. Reagiert der Kleinbürger gegenüber dem Faschismus letztlich objektiv widersinnig in Bezug auf das eigene Interesse, so stellt sich die Frage nach seiner psychischen Verfasstheit. Nicht gemeint ist damit der Geisteszustand; was es natürlich nicht geben kann, das ist eine Psychopathologie des faschistischen Typus, denn dann würde der Faschismus nicht nur als neurologische Störung oder Massenpsychose verharmlost, sondern es müsste sich in aller Folgerichtigkeit der Antifaschismus auf die – massenhafte – Psychotherapie reduzieren. Derartige Theorien, die sich mehr oder minder berechtigt zumeist auf Wilhelm Reich und dessen *Massenpsychologie des Faschismus* aus dem Jahre 1933 berufen, können zwar die eine oder andere deskriptiv richtige Beobachtung zur materiell-psychologischen Situation des Kleinbürgertums ermöglichen [10], haben jedoch wenig allgemeinen oder grundsätzlichen Erklärungswert.

Überhaupt sollte man mit überpsychologisierenden Erklärungen vorsichtig sein. Ein besonders gravierendes Missverständnis in diesem Bereich verursacht bisweilen die Frage der Beziehung zwischen einem „gestörten Sexualverhalten" und profaschistischer Empfänglichkeit. Hier ist keineswegs ein kausaler, geschweige denn ein monokausaler Zusammenhang zu entdecken. Eine Unfähigkeit zu „normaler" zwischenmenschlicher emotionaler und sexueller Interaktion führt bestimmt nicht zu faschistischer Gesinnung – und ebenso wenig umgekehrt. Beides – sexuelle und politische Unsicherheit und Fehlorientierung – sind nur abhängige Variablen, die sich nicht gegenseitig erklären können. Beide können verschiedene Ausdrucksformen einer tieferen Unsicherheit sein, die mitunter nebeneinander in zweierlei Lebenssphären auftreten mögen.

Relevant ist jedenfalls nicht eine Einschätzung der Zurechnungsfähigkeit des Kleinbürgers, sondern ist seine psychologische Reaktion auf äußere Bedingungen, denn letztinstanzlich wird auch des Kleinbürgers Bewusstsein durch sein Sein bestimmt. Und natürlich passen hier drei Komponenten ausgezeichnet zusammen: erstens die Ausweglosigkeit der sozialen Lage des Kleinbürgertums, zweitens die falschen Versprechungen der sozialen Demagogie des Faschismus bzw. Rechtsextremismus sowie drittens die irrationale, aber für die Anhängerschaft befriedigende Bereitstellung eines Sündenbocks, sei es nun der Jude, der Marxist, der Ausländer, der Asylant oder der Moslem.

Der Faschismus appelliert an die Unzufriedenheit des Kleinbürgers mit seiner Situation und bietet einfache Antworten an, die in aller Regel falsch oder zumindest unzulänglich sind. Der Kleinbürger, sozialisiert in einer ökonomisch feindlichen Umwelt, in der er alle

Verantwortung für sich selbst trägt, ist gegenüber dieser Außenwelt, gegenüber „den anderen", offen für jedes Vorurteil und jede Aburteilung, durch die er diese für seine Zwangslage, ja, für sein Scheitern verantwortlich machen kann. Das eigene Unvermögen wird uminterpretiert zur Unschuld, die mangelnde Beachtung wird mit Missachtung und Verachtung beantwortet, die ruinöse, zerstörende Gewalt, die der Kapitalismus auf den Kleinbürger ausübt, wird transformiert in Gegengewalt, die wiederum ein möglichst schwaches Gesellschaftsglied treffen soll, das Opfer wird zum Täter. Der Druck, unter dem der Kleinbürger steht, wird nach unten weitergegeben. Und so ergibt sich für den Kleinbürger in Bezug auf den Faschismus in Bewegungsform oder den Rechtsextremismus geradezu eine symbiotische Beziehung: man fungiert gegenseitig als Be- und Verstärker. Auch in diesem Sinne ist das Kleinbürgertum tatsächlich der beste Resonanzboden des Faschismus. Doch die nach zerstörerischem Handeln drängende Wut des Kleinbürgers führt immer wieder nur in die Selbstzerstörung – und auf dem sicheren Weg dorthin finden sich in jedem Fall ausreichend Zeit, Raum und Energie für Kollateralschäden, die ihm bloß in trügerischer Hinsicht als Zielsetzungen erscheinen.

All diese Aspekte des kleinbürgerlichen Charakters und der Ausgangsposition des Kleinbürgers sind objektive Begebenheiten, aber in der faschistischen Tendenz abermals nur eine Möglichkeit, denn nicht jeder Kleinbürger unterstützt oder begrüßt den Faschismus. Der Kleinbürger ist mangels eigenständiger politischer Positionsfindung und Artikulationsfähigkeit auf das gesetzte Angebot angewiesen. Gibt es kein vertrauenserweckendes und inhaltlich stimmiges Angebot des natürlichen, aber gewiss mit großem Misstrauen beäugten Bündnispartners des Kleinbürgertums (und der Bauernschaft), nämlich der organisierten Arbeiterbewegung, sich gemeinsam gegen die Gewalt des Imperialismus in einem antimonopolistischen Bündnis zu wehren, dann haben der (Neo-)Faschismus und der Rechtsextremismus natürlich leichtes Spiel beim Kampf um die kulturelle Hegemonie, um die Köpfe des Kleinbürgertums.

Fußnoten:

[1] Karl Marx/Friedrich Engels, *Manifest der Kommunistischen Partei*, in: *Marx/Engels-Werke*, Berlin 1959, Bd. 4, S. 484.

[2] Friedrich Engels, *Vorbemerkung zum zweiten Abdruck „Der deutsche Bauernkrieg"*, in: *Marx/Engels-Werke*, Berlin 1962, Bd. 16, S. 398.
[3] Karl Marx/Friedrich Engels, *Manifest der Kommunistischen Partei*, in: *Marx/Engels-Werke*, Berlin 1959, Bd. 4, S. 485.
[4] Georgi Dimitroff, *Die Offensive des Faschismus*, in: Dimitroff, *Ausgewählte Werke*, Frankfurt am Main 1972, Bd. 1, S. 105.
[5] vgl. Tibor Zenker, *Was ist Faschismus?*, Wien 2006, S. 94-96.
[6] vgl. Walther Hofer, *Der Nationalsozialismus – Dokumente 1933-1945*, Frankfurt am Main 1982, S. 29.
[7] vgl. Kurt Gossweiler, *Hitler und das Kapital*, in: Gossweiler, *Aufsätze zum Faschismus*, Köln 1988, Bd. II, S. 468-514.
[8] Kurt Gossweiler, *Faschismus, Imperialismus und Kleinbürgertum*, in: Gossweiler, *Aufsätze zum Faschismus*, Köln 1988, Bd. I, S. 354.
[9] vgl. Kurt Gossweiler, *Die bürgerliche Faschismustheorie und Faschismusforschung in der Krise*, in: Gossweiler, *Aufsätze zum Faschismus*, Köln 1988, Bd. II, S. 369-413.
[10] vgl. Wilhelm Reich, *Die Massenpsychologie des Faschismus*, Hamburg 1974, S. 57-75.

Auszug aus dem Buchbeitrag „Normalität und Widersprüchlichkeit des faschistischen Kleinbürgers, Gedanken zu Peter Patzaks Film KASSBACH – EIN PORTRAIT (1978)", in: Karin Moser/Andreas Ungerböck (Hg.), „Peter Patzak – Filmemacher, Autor, Maler", Wien 2009, S. 140-171.

Faschismustheorien aus marxistischer Sicht

Vortrag im Volksheim Salzburg, 27. Mai 2010

Die heutige Veranstaltung wurde mit „Faschismustheorien aus marxistischer Sicht" überschrieben. Nun gibt es freilich Faschismustheorien beinahe wie Sand am Meer, was die gesellschaftliche, politische und historische Bedeutung des „Phänomens Faschismus" unterstreichen mag. Allerdings ist es durchaus so, dass letztlich nur eine Minderzahl tatsächlich zu einer Erhellung des Begriffs beiträgt, während viele Historiker, Faschismusforscher und -theoretiker daran gar kein wirkliches Interesse haben, sondern – bestenfalls – in historischen Beschreibungen ihr Auslangen finden oder sogar – etwa mittels Totalitarismus-Theorie oder Führer-Theorie – sogar an der Rehabilitierung des Faschismus insgesamt bzw. zumindest des Kapitalismus, auf dessen Boden der Faschismus nun einmal entsteht, arbeiten

Wir werden uns heute vorrangig mit jenen Faschismustheorien befassen, die Sinn und Zweck einer fortschrittlichen und emanzipatorischen Anschauung nicht zur Gänze verfehlen. D.h. also mit linken Theorien im weiteren Sinn, vor allem mit solchen Auffassungen, die sich selbst als marxistisch verstehen oder zumindest einen Zusammenhang zwischen Kapitalismus und Faschismus herstellen.

Wie bekannt ist, gibt es eine ganze Reihe von „Marxismen": Es gibt in der radikaleren Linken zumindest einmal den Marxismus-Leninismus, den Trotzkismus und den Maoismus; es gibt historisch z.B. den Austromarxismus, der inhaltlich als weitgehend identisch mit dem späteren Eurokommunismus zu sehen und eine Variante des Revisionismus ist; und diverse Strömungen zerfallen sodann sogar wiederum in Unterabteilungen. Gemeinsam ist allen, dass sie alle – d.h. jeder für sich – Recht haben, während alle anderen jeweils Unrecht haben. Jede Ansicht stellt also den Anspruch, selbst der einzig wahre Marxismus zu sein, während die anderen demgemäß falsche Ansichten verbreiten. Das hat aber nichts mit Rechthaberei zu tun, sondern das ist durchaus notwendig. Es wäre höchst unseriös, einen wissenschaftlich-ideologischen Standpunkt zu vertreten, ohne ihn als der Wirklichkeit entsprechend zu sehen. Was es also nicht spielt, dass ist ein allumfassender pluralistischer Marxismus, wo jeder Recht haben kann, denn das ist unmöglich. Es wäre dies zudem eine Form des Agnostizismus – und der hat in einer wissenschaftlichen

Weltanschauung, in der Gesellschafts- und Geschichtswissenschaft definitiv nichts zu suchen.

Wenn ich heute also diversen Theorien „Fehler“ und „falsche Einschätzungen“ zuschreibe, dann nicht aus Überheblichkeit, sondern aufgrund notwendiger wissenschaftlicher Seriosität und Respekt vor dem Gegenüber. Denn ohne klaren Standpunkt gibt es auch keine diskussionsfähige Kritik. Und übrigens ist damit auch nicht gesagt und gemeint, dass jene Theorien, die ich unterm Strich als falsch deklarieren muss, nicht auch hier oder dort durchaus Richtiges beobachten und beschreiben können.

Die marxistisch-leninistische Faschismustheorie

Nachdem wir uns in den Räumlichkeiten der KPÖ Salzburg befinden, erscheint es mir legitim, bei den Betrachtungen nun mit jener marxistischen Faschismustheorie zu beginnen, die gemeinhin als die kommunistische gilt oder zumindest lange galt, also mit der marxistisch-leninistischen Faschismustheorie.

Die marxistisch-leninistische Faschismustheorie stützt sich im Wesentlichen auf die Diskussionen und Beschlüsse des 7. Weltkongresses der Kommunistischen Internationale 1935. Auf diesem Kongress bzw. bereits im Vorfeld erarbeitete die internationale kommunistische Bewegung eine umfassende Faschismusanalyse und eine ihr entsprechende antifaschistische Strategie. Das war 1935 auch höchst notwendig, denn die eineinhalb Jahrzehnte zuvor war dies den Kommunisten in den verschiedenen Ländern aus unterschiedlichen Gründen nicht möglich, ja es wurden in dieser Zeit sogar gravierende Irrwege beschritten, z.B. mit der sog. „Sozialfaschismus“-These, die die Sozialdemokratie als linken Flügel des Faschismus ausmachte. Auch musste man sich 1935 eingestehen, dass die Kommunisten bislang nicht in der Lage waren, erfolgreich gegen den Faschismus zu kämpfen: sogar die deutsche KPD, die stärkste kommunistische Partei außerhalb der Sowjetunion, hatte dem NS-Faschismus letztlich nicht genug entgegenzusetzen, und nicht nur in Deutschland, sondern auch in Österreich, Italien, Portugal, Ungarn und weiteren Ländern war der Faschismus zu diesem Zeitpunkt bereits an die Macht gelangt. Der Komintern-Kongress legte sich folgerichtig vor allem die Frage vor: Wie sind diese faschistischen Staaten beschaffen, wie sind sie zu bekämpfen?

Damit sehen wir schon eine kleine, historisch bedingte Schwäche der marxistisch-leninistischen Faschismustheorie. Jede Faschismustheorie hat oder sollte zumindest zwei Betrachtungsgegenstände haben: einerseits den Faschismus an der Macht, also die faschistische Diktatur, andererseits die faschistische Bewegung, unabhängig davon, ob sie an die Macht gelangt oder nicht. Die marxistisch-leninistische Faschismustheorie beschäftigte sich zu Beginn und lange Zeit weitaus mehr mit dem ersten Betrachtungsgegenstand, während der zweite ein wenig vernachlässigt wurde. Dieses Ungleichgewicht wurde im Laufe der zweiten Hälfte des 20. Jahrhunderts jedoch weitgehend ausgeglichen.

Dem Inhalt nach kreist die marxistisch-leninistische Faschismustheorie um die berühmte Dimitroff-Definition. Georgi Dimitroff, bulgarischer Kommunist und freigesprochener Angeklagter im Reichstagsbrandprozess der Nazis, hielt auf dem 7. Weltkongress der Komintern das zentrale Referat zur Wesensbestimmung des Faschismus und zur antifaschistischen Strategie. Nicht korrekt ist in diesem Zusammenhang, dass man deswegen oft von einer ganzen „Dimitroff-Theorie" spricht – Dimitroff hat eine ihm übertragene Aufgabe erfüllt und wurde dabei von einer ganzen Reihe von Mitarbeitern, darunter Palmiro Togliatti und Wilhelm Pieck, unterstützt. Dimitroff hat in seinem bekannten Referat also das Ergebnis kollektiver Arbeit präsentiert.

Der zentrale und oft zitierte Satz Dimitroffs bezüglich der Bestimmung der faschistischen Diktatur lautet, der *„Faschismus an der Macht"* sei die *„offene terroristische Diktatur der reaktionärsten, der am meisten chauvinistischen, am meisten imperialistischen Elemente des Finanzkapitals."* Es ist zwar immer gefährlich, sich an allzu knappe Definitionen zu halten – und die ML-Faschismustheorie war natürlich schon 1935 mehr als das, sonst hätte Dimitroff ja in der Tat nur einen Satz sagen und nicht ein mehrstündiges Referat halten müssen. Darüber hinaus gab es in den Jahrzehnten nach 1945 natürlich eine umfassendere wissenschaftliche Auseinandersetzung mit dem Faschismus seitens marxistisch-leninistischer Historiker und Faschismusforscher, nicht zuletzt in der UdSSR und DDR. Diese Wissenschaftler, darunter Kurt Gossweiler, Kurt Pätzold oder Manfred Weißbecker, haben die „ursprüngliche" marxistisch-leninistische Faschismustheorie um äußerst wichtige Beiträge und Untersuchungen ergänzt und für entsprechende Aktualisierungen gesorgt.

Aufgrund der beschränkten Zeit, die uns heute für die marxistisch-leninistische Faschismustheorie bleibt, wollen wir aber versuchen, die Grundmerkmale des Faschismus tatsächlich auf Basis der Dimitroff-Definition aufzufächern, denn sie sind tatsächlich davon abzuleiten und die folgenden:

1. Der *Klassencharakter des Faschismus* ist nicht einfach ein bürgerlicher, sondern, genauer, ein finanzkapitalistischer oder monopolkapitalistischer. Der Faschismus bedeutet nicht die Herrschaft der gesamten Bourgeoisie, sondern die oligarchische Herrschaft des Finanzkapitals oder der Monopolbourgeoisie bzw. der aggressivsten Teile derselben. Unter dem Begriff Finanzkapital ist das miteinander verwachsene, monopolistische Großkapital in Industrie, Banken und Handel sowie der damit verbundene Großgrundbesitz zu verstehen, wobei die Gewichtung zwischen diesen Bereichen je nach Zeit und Ort unterschiedlich sein wird. Damit ist gleichzeitig gesagt, dass der Faschismus erst im Zeitalter des Imperialismus auftritt, mit dem die Herausbildung der Monopole und des Finanzkapitals verbunden ist. Und damit ist klar, dass die marxistisch-leninistische Faschismustheorie erst auf der Basis von Lenins Imperialismustheorie Gültigkeit haben kann – bzw., möchte man die ML-Theoriegeschichte weiter fassen, die marxistisch-leninistische Faschismustheorie wird in weiterer Folge ein Bestandteil der marxistisch-leninistischen Imperialismustheorie.

2. Vor diesem Hintergrund – der Faschismus tritt erst im kapitalistischen Stadium des Imperialismus auf – existiert eine direkte *ökonomische Grundlage des Faschismus*. Das Finanzkapital ist gezwungen, nicht nur einfache Durchschnittsprofite zu realisieren, sondern Monopolprofite, die – über die „normale" kapitalistische Ausbeutung der arbeitenden Bevölkerung hinaus – quasi eine Tributpflichtigkeit der gesamten nichtmonopolistischen Bevölkerung (inklusive der kleinen und mittleren Bourgeoise, der Bauernschaft) verlangen. In Ergänzung zu und als ungestörte Gewährleistung dieser ökonomischen Vorherrschaft strebt das Finanzkapital auch nach politischer Alleinherrschaft, da im Rahmen der bürgerlichen Demokratie beschränkte Abwehrmöglichkeiten der nichtmonopolistischen Gesellschaftsteile bestehen bleiben – deswegen hat das Finanzkapital per se einen demokratiefeindlichen Charakter. Die ökonomische Grundlage des Faschismus entspringt also den Bedingungen des Imperialismus selbst. Der Faschismus ist daher auch keine zufällige Erscheinung im

Imperialismus, sondern dessen ureigenstes und folgerichtiges Produkt, die äußerste Konsequenz des aggressiven und repressiven Wesens der Finanzkapitals und dessen Drangs nach Reaktion und Gewalt, auf Basis seiner eigenen ökonomischen Existenzbedingungen.

3. Dieser Drang nach Reaktion und Gewalt und nach politisch unbeschränkter Alleinherrschaft des Finanzkapitals nimmt aber erst ab einem bestimmten historischen Zeitpunkt faschistische Gestalt an – es gibt also weitere, *unmittelbare Voraussetzungen* für das Auftreten des Faschismus. Diese sind markiert durch den *Eintritt des Kapitalismus ins Stadium seiner allgemeinen Krise*. Diese allgemeine Krise beginnt mit dem Ersten Weltkrieg, wird durch dessen Auswirkungen, insbesondere durch die Gründung der UdSSR, vertieft und dauert bis heute an; sie ist festzumachen an der damit begonnenen Epoche sozialistischer Revolutionen, antiimperialistischer Befreiungskämpfe und imperialistischer (Welt-)Kriege – kurz: am Anwachsen der Widersprüche des Imperialismus. Die allgemeine Krise des Kapitalismus ist eine allseitige und existenzielle Systemkrise, dementsprechend tritt der Faschismus als sowohl defensive als auch offensive neue Qualität finanzkapitalistischer Herrschaftssicherung auf.

4. In diesem Sinne erfüllt der Faschismus bestimmte *Funktionen*, verfolgt gewisse *Ziele* und bedient sich besonderer *Methoden*. Auch diese können wir aus der eingangs zitierten Definition Dimitroffs ableiten: (a) Der Faschismus ist die offene Diktatur im Gegensatz zur verdeckten des bürgerlich-demokratischen Parlamentarismus. (b) Der Faschismus ist Terrorherrschaft im Gegensatz zum Rechtsstaat. Er will nicht nur Unterdrückungs-, sondern Vernichtungsdiktatur sein. (c) Die Ausrichtung der faschistischen Diktatur ist besonders reaktionär, d.h. nicht nur antiliberal, sondern vor allem konsequent und möglichst eliminatorisch antimarxistisch, antisozialistisch und antikommunistisch, eben auch antizipiert konterrevolutionär; das zunächst vorrangigste Ziel des Faschismus ist die Vernichtung der (revolutionären) ArbeiterInnenbewegung, d.h. insbesondere der kommunistischen Organisationen. (d) Der Faschismus stützt sich zumeist auf einen überaus chauvinistischen Nationalismus, im Inneren wie nach außen; er maximiert die nationale Unterdrückung und impliziert oft rassistische Facetten. (e) Der Faschismus steht für aggressive Außenpolitik, nicht nur diplomatischer, sondern v.a. ökonomischer und gegebenenfalls militärischer Natur, wobei dies in seiner Intensität immer nach Maßgabe der regionalen und globalen

Stärke des betreffenden Staates zum Ausdruck kommt und auch über Bündnissysteme zu realisieren ist; und immer eng verbunden mit dem Faschismus ist der Militarismus.

5. Aus diesem Wesen des Faschismus ergeben sich auch die Eckpunkte einer *strategischen antifaschistischen Organisierung*. Das zentrale Angriffsziel des Faschismus ist die Arbeiterbewegung; daraus folgt, dass unbedingte Voraussetzung einer erfolgreichen antifaschistischen Bewegung im Kern die Aktionseinheit der proletarischen Organisationen, der Sozialdemokraten, Sozialisten und Kommunisten sein muss, also die *proletarische Einheitsfront*, wie man es historisch formulierte – man könnte heute gewissermaßen auch einfach von linker Bündnispolitik sprechen. Die weiteren Angriffsziele des Faschismus betreffen die Demokratie und den Rechtsstaat im Allgemeinen sowie den Frieden; außerdem unterdrückt der Faschismus aufgrund seines ungehemmt durchdringenden finanzkapitalistischen Klassencharakters breiteste Bevölkerungsschichten, deutlich über die ArbeiterInnenklasse hinaus, nicht nur politisch, sondern auch verstärkt ökonomisch und sozial. Daher ist es das Ziel der konsequentesten antifaschistischen Kräfte, der proletarischen Einheitsfront, ein antifaschistisches Bündnis zu schaffen mit allen nichtmonopolistischen Klassen und Schichten der Bevölkerung, die – ob für sie bewusst oder (noch) nicht – objektiv im Gegensatz zum Finanzkapital im Allgemeinen und zum Faschismus im Besonderen stehen. Ein solches Bündnis gegen faschistische Repression und Aggression, für Demokratie, Frieden, Selbstbestimmung, soziale und humanitäre Rechte wurde historisch als *antifaschistische Volksfront* bezeichnet – darunter ist also ein klassenübergreifendes antifaschistisches Bündnis zu verstehen.

Ich habe gesagt, die Faschismusanalyse benötigt den zweiten Betrachtungsgegenstand, nämlich die faschistische Bewegung – auch hierzu kurz die Übersicht über die marxistisch-leninistische Auffassung:

Eine faschistische Bewegung ist eine reaktionäre bürgerliche Bewegung neuen Typs. Sie tritt im Stadium des Imperialismus oder – genauer gesagt – erst nach Eintritt des Kapitalismus in das Stadium seiner allgemeinen Krise auf und zeichnet sich durch folgende Merkmale aus.

1. Die faschistische Bewegung ist eine gegen die Arbeiterbewegung, insbesondere gegen ihre revolutionären Teile, gerichtete Terrororganisation, die einen bürgerkriegsähnlichen Kampf gegen die Arbeiterorganisationen entfalten soll. Dem Inhalt nach ist sie in erster Linie und im Kern eine antimarxistische, antisozialistische, antikommunistische und konterrevolutionäre Organisation.

2. Die faschistische Bewegung hat eine antidemokratische und antiparlamentarische Ausrichtung. Sie bekämpft die bürgerliche Demokratie mitsamt Parlamentarismus und allgemeinem Wahlrecht und will – mehr oder weniger offen – an ihre Stelle eine autoritäre Regierung stellen. In diesem Sinne greift die faschistische Bewegung auch die alten bürgerlichen Parteien an.

3. Die faschistische Bewegung versucht eine Massenbasis zu erlangen, ohne jedoch grundsätzlich die unbedingte Fähigkeit zu haben, tatsächlich zur Massenbewegung zu werden. Ebenso wenig sind bloß solche als faschistische Bewegungen zu betrachten, die tatsächlich eine Massenbewegung sind.

4. Im Kampf um die Massen bedient sich die faschistische Bewegung einer beispiellosen sozialen und nationalen Demagogie. Sie gibt sich „revolutionär" – gegen die „herrschenden Verhältnisse" gerichtet. Die faschistische Bewegung gibt vor, mit einer kompletten Neuordnung von Staat und Ökonomie dem Gemeinwohl, den nationalen Interessen des gesamten Volkes dienen zu wollen.

5. Die ersten Adressaten ihrer Propaganda sind die Arbeiter als zahlenmäßig größte Klasse der Gesellschaft. Allerdings ist es bislang noch keiner faschistischen Bewegung gelungen, die Arbeiterschaft auf ihre Seite zu ziehen und aus der Arbeiterklasse eine Massenbasis zu rekrutieren.

6. Gelingt es der faschistischen Bewegung dennoch, eine Massenbasis zu erlangen, so geschieht dies üblicherweise mit Unterstützung der Mittelschichten in Stadt und Land, insbesondere des Kleinbürgertums. Aus dieser Erfahrung heraus können auch diese Schichten die ersten Adressaten einer faschistischen Propaganda sein.

7. Die kleinbürgerliche soziale Basis der faschistischen Bewegung bestimmt nicht ihren Klassencharakter. Die faschistische Bewegung

versucht einzig und allein, die Interessen des imperialistischen Großkapitals zur Geltung zu bringen – und tut dies auch konsequent, sobald sie an der Macht ist. Eine faschistische Partei ist daher immer eine imperialistische Partei mit bloß vornehmlich kleinbürgerlichem Anhang. Aufgrund ihrer imperialistischen Ausrichtung im Sinne des Monopolkapitals gerät die Realpolitik der faschistischen Bewegung daher auch unweigerlich in Konflikt mit ihrer kleinbürgerlichen sozialen Basis.

Wir wollen es damit einstweilen bewenden lassen mit der marxistisch-leninistischen Faschismustheorie – sie ist in Grundzügen dargestellt, von ausführlich oder komplett kann freilich keine Rede sein, denn dafür fehlt uns die Zeit. Im Folgenden gehen wir zu den weiteren sich marxistisch verstehenden Anschauungen über, werden dabei aber schon möglichst die vorhandenen Abgrenzungen und Widersprüche benennen.

Die trotzkistische Faschismusauffassung

Jene Faschismustheorien, die sich auf Leo Trotzki berufen, umfassen zumeist im Wesentlichen die folgenden Punkte:

1. Der Faschismus bzw. sein Aufkommen ist Ausdruck einer tiefen Krise des Kapitalismus. In dieser Krise muss der Faschismus die Verwertungsbedingungen zugunsten des Monopolkapitals brachial optimieren.

2. Die bürgerliche Demokratie ist vom Gleichgewicht ökonomischer und gesellschaftlicher Kräfteverhältnisse abhängig. Gerät dieses Gleichgewicht ins Wanken oder wird es bereits z.T. aufgehoben, so ist die Zentralisierung der politischen Macht nötig.

3. Es bedarf einer faschistischen Massenbewegung, die die organisierte Arbeiterbewegung ausschaltet und vernichtet.

4. Eine solche faschistische Massenbewegung entsteht autonom aus dem ruinierten und verzweifelten Kleinbürgertum. Sie verbindet Nationalismus, „antikapitalistische“ Demagogie und den Hass gegen die Arbeiterbewegung und den Marxismus. Geht eine solche Bewegung zu Methoden der direkten physischen Gewalt gegen die Arbeiterbewegung über, so ist von einer faschistischen Bewegung zu spre-

chen. Hat die faschistische Bewegung Masseneinfluss erlangt, so bedarf sie finanzieller und politischer Unterstützung durch das Großkapital, um an die Macht zu gelangen.

5. Das Großkapital zögert bei der Unterstützung der faschistischen Bewegung, so lange im Kampf zwischen faschistischem Kleinbürgertum und linker Arbeiterbewegung der Sieger nicht absehbar ist.

6. Hat die faschistische Bewegung ihre Aufgaben erledigt, so wird sie im faschistischen Staatsapparat wieder „abgebaut" – der Faschismus entwickelt sich zurück zum Bonapartismus, d.h. zu einer Diktatur ohne Massenbasis. Absehbarer Weise orientiert die Staatsmacht, die nun keineswegs kleinbürgerlichen, sondern großkapitalistischen Charakter besitzt, auf außenpolitische Abenteuer, aus zwingenden finanzpolitischen bzw. wirtschaftlichen Gründen.

Einigen dieser Punkte ist zuzustimmen, denn sie behandeln richtige historische Beobachtungen, die Trotzki selbst vor allem anhand der Entwicklung des deutschen NS-Faschismus festhielt. Mit der marxistisch-leninistischen Faschismustheorie gibt es zwei entscheidende Meinungsverschiedenheiten, die sodann eine dritte, nämlich strategische Frage bedingen:

1. Die Frage: Was ist eine faschistische Diktatur? Der Trotzkismus lässt nur jene als faschistische Diktaturen gelten, die über die faschistische Massenbewegung „von unten" an die Macht gekommen sind – also historisch lediglich zwei: Italien unter Mussolini und Deutschland unter Hitler. Demgemäß wären Österreich 1934-1938, d.h. der Austrofaschismus unter Dollfuß/Schuschnigg, Spanien unter Franco oder Chile unter Pinochet nicht als faschistische Diktaturen zu charakterisieren. Die marxistisch-leninistische Faschismustheorie macht hier durchaus auch eine Unterscheidung: sie differenziert nämlich in die beiden Typen der totalitär-faschistischen Diktatur („Massenparteifaschismus" in Italien oder Deutschland) und der autoritär-faschistischen Diktatur („Militärfaschismus" in Ungarn, Chile oder Österreich, wo es allerdings auch Elemente des Massenparteifaschismus gab). Doch handelt es sich nach marxistisch-leninistischer Anschauung durchwegs um faschistische Diktaturen, während der Trotzkismus den Faschismusbegriff einengt und in diesen Fällen von einem verselbständigten autoritären Staatsapparat, von Bonapartismus, spricht. Es stellt sich für die trotzkistische Fa-

schismustheorie allerdings die Frage, ob man für gerade mal zwei historische Fälle überhaupt eine eigene theoretische Kategorie entwerfen muss…

2. Die Frage nach dem Charakter der faschistischen Bewegung: Für den Trotzkismus ist der Faschismus eine autonome Bewegung des Kleinbürgertums, der lediglich im absehbaren Erfolgsfall vom Großkapital zur Macht verholfen wird. Der Marxismus-Leninismus bestreitet eine autonome politische Organisierungsfähigkeit des Kleinbürgertums – die faschistische Bewegung ist immer und von vornherein eine politische Bewegung des Monopolkapitals, deren vorrangig kleinbürgerlicher Anhang nur Mittel zum Zweck ist. Für den Trotzkismus existiert die faschistische Bewegung zudem nur als Massenbewegung, für den Marxismus-Leninismus kann eine faschistische Bewegung auch im Kleinen existieren.

3. Die Frage: Wie wird der Faschismus bekämpft? Für den Trotzkismus ist der Faschismus dadurch zu bekämpfen, dass die faschistische Bewegung – in der direkten Konfrontation, im Bürgerkrieg – von der Einheit der Arbeiterbewegung besiegt wird; gelingt dies, so kann es auch nicht zur Errichtung einer faschistischen Diktatur kommen. Für den Marxismus-Leninismus ist der Kampf gegen die faschistische Bewegung hingegen nur ein Teilaspekt, denn die dahinter stehenden Kräfte des Monopolkapitals üben bereits zuvor relevante Machtpositionen im bürgerlichen Staat aus. Daher ist nicht nur mit der faschistischen Machtergreifung von unten, sondern auch mit dem faschistischen Staatsstreich von oben zu rechnen (z.B. Österreich 1933/34). Außerdem orientiert der Marxismus-Leninismus darauf, über die bewusste Arbeiterklasse und die Einheit der Arbeiterbewegung hinaus, breitere Bevölkerungsschichten in einem antifaschistischen Bündnis zu sammeln, da man davon ausgeht, dass es auch mittelständische, bäuerliche und bürgerliche Kräfte mit antifaschistischer, demokratischer Gesinnung gibt. Dies impliziert aber auch einen Unterschied im strategischen Ziel: Während der Trotzkismus, wenn er den Bürgerkrieg gegen den kleinbürgerlichen Faschismus gewinnt, unmittelbar zur sozialistischen Revolution übergeht, orientiert die antifaschistische Bündnispolitik des Marxismus-Leninismus zunächst auf die Wiederherstellung demokratischer Verhältnisse (siehe Osteuropa 1945), von deren Boden aus jedoch volksdemokratische, d.h. antimonopolistische und antiimperialistische Wege zum Sozialismus eröffnet werden sollen. Es spiegelt sich

also auch hier abermals der zwischen Trotzkismus und Marxismus-Leninismus allgegenwärtige Gegensatz zwischen revolutionärem Radikalismus und bündnisorientierter Etappentheorie wider.

Die austromarxistische Faschismusauffassung

Einige Worte zur austromarxistischen Faschismusauffassung, die hauptsächlich mit den Namen Otto Bauer verbunden ist. Bauer beschreibt den Faschismus 1936 („Zwischen zwei Weltkriegen?") als Resultat folgender Entwicklungen:

1. Am Ende des 1. Weltkrieges fanden sich die heimkehrenden Kriegsteilnehmer im „bürgerlichen Leben" nicht zurecht, sie bildeten Milizen und „Wehrverbände", die sich durch eine nationalistische, militaristische und antidemokratische Ideologie auszeichneten.

2. Nach dem 1. Weltkrieg wurden Kleinbürger und Bauern massenhaft ruiniert und deklassiert. Sie wandten sich von der Demokratie und den bürgerlich-demokratischen Parteien ab, nahmen ebenfalls tendenziell nationalistisch-militaristische Positionen ein und schlossen sich in relevanter Zahl den Folgeorganisationen der „Wehrverbände" bzw. deren Umfeld an. – Diese waren als einzige politische Bewegung gegen beide „Feinde" gerichtet: Gegen das nun (scheinbar) demokratische Bürgertum, das sie ruiniert, gegen die revolutionäre Arbeiterklasse, die sie enteignen will (dies entspricht also auch der ökonomisch-sozialen Stellung der Mittelschichten im Kapitalismus).

3. Die Bourgeoisie nützt diese Wehrverbände, die entstehenden faschistischen Milizen, um mittels einer Massenbewegung die Arbeiterbewegung einzuschüchtern und wieder in die Defensive zu drängen – hierbei geht es der Bourgeoise aber lediglich um die Durchsetzung der Wiederherstellung der Profite, die durch die Nachkriegskrisen verloren gingen. In diesem Sinne dienten die faschistischen Bewegungen der Bourgeoisie vorrangig als Werkzeug gegen die reformistische Arbeiterbewegung, d.h. gegen die Sozialdemokratie, nicht gegen die revolutionäre, kommunistische Bewegung.

4. Ist diese Zielsetzung erreicht, so steht die Bourgeoisie vor einem Dilemma. Die faschistische Bewegung, die lediglich ein Werkzeug der Bourgeoisie sein hätte sollen, wird zu mächtig und entwickelt

eine Eigendynamik, die direkt zur politischen Macht drängt. Die Bourgeoisie kann zu diesem Zeitpunkt nicht die normalen Mittel des Staatsapparates einsetzen, um die faschistischen Privatarmeen wieder zu beseitigen, denn dies würde wiederum der Arbeiterbewegung auf die Beine helfen. Sie zieht es daher vor, ihre eigentlichen politischen Organisationen und Parteien im Stich zu lassen und die politische Macht den Faschisten zu übergeben – freilich mit dem Ziel, die neuen faschistischen Herrscher abermals zu Vollstreckern kapitalistischer Interessen zu machen, was letztlich auch gelingen sollte.

5. Dies jedoch um den Preis, dass breite bürgerliche Schichten alle demokratischen und politischen Rechte verlieren und auch bürgerliche Einrichtungen und Organisationen zerschlagen werden. Bauer folgert daraus, dass in der bürgerlichen Demokratie die gesamte Bourgeoisie herrscht, während in der faschistischen Diktatur nur noch Großkapital und Großgrundbesitz herrschen.

6. Bauer leitet aus der Erfahrung der Niederlage des reformistischen Sozialismus (der Sozialdemokratie) einen bemerkenswerten Schluss ab, der von heutigen Freunden des Austromarxismus bzw. des verwandten Eurokommunismus gerne übersehen wird:

„Diese Erfahrung zerstört die Illusion des reformistischen Sozialismus, dass die Arbeiterklasse friedlich und allmählich durch bloße Ausnützung der demokratischen Institutionen, ohne revolutionären Sprung die Formen der Demokratie mit sozialistischem Inhalt erfüllen, die kapitalistische Gesellschaftsordnung zu einer sozialistischen entwickeln könne. Hat die Arbeiterklasse erlebt, dass die Schärfe der Klassengegensätze die Demokratie sprengt, um die faschistische Diktatur des Kapitals aufzurichten, so muss sie erkennen, dass eine vollkommene und dauerhafte Volksfreiheit erst gesichert sein wird, wenn die Klassen selbst und damit die Klassengegensätze der kapitalistischen Gesellschaftsordnung aufgehoben sein werden. Hat sie gehofft, durch Ausnützung der Demokratie eine sozialistische Gesellschaftsordnung erringen zu können, so muss sie jetzt erkennen, dass sie zuerst ihre eigene Herrschaft erkämpfen und durch sie eine sozialistische Gesellschaftsordnung aufbauen muss, ehe eine vollkommene und dauerhafte Demokratie möglich wird.“

Bauer lehnt nun also jedes Hineinwachsen in den Sozialismus, die „Revolution mit dem Stimmzettel“ ab, sondern erklärt die Herrschaft der Arbeiterklasse – somit nichts anderes als die Diktatur des Proletariats – zur Vorbedingung sozialistischer Umgestaltung und nachhaltiger Demokratie. Und so ist Bauer einer der wenigen Theoretiker des Marxismus, der sich zeitlebens von rechts nach links entwickelt hat, während üblicherweise der umgekehrte Weg der „normale“ ist.

Nun aber zur Einschätzung der faschismustheoretischen Überlegungen, die abermals ebenso Richtiges wie Falsches beinhalten. Folgende Kritikpunkte wären anzumerken:

1. Bauer entwickelt seine Anschauungen lediglich anhand von Italien und Deutschland. Letztlich sind nur diese beiden für ihn wirkliche faschistische Diktaturen, während alle anderen Fälle, so auch Österreich, bloß schlechte Imitationen oder eben eine Art von „Halbfaschismus“ darstellen. Er ist hierbei jedoch selbst nicht konsequent und spricht immer wieder von der faschistischen Diktatur in Österreich. Hier wären also mehr Klarheit und Systematik wünschenswert gewesen.

2. Wie Trotzki betont Bauer die eigenständige Entwicklung des kleinbürgerlichen Faschismus, bis hinein in die faschistische Diktatur, wo er zunächst sogar ein Gewaltmittel gegen das Kapital darstellt. Ja, es ist sogar die reinste Hilflosigkeit der Bourgeoisie, die sie dazu zwingt, den Faschisten die Regierungsmacht zu übergeben. – Dieser Anschauung ist zu widersprechen: Der Faschismus ist gewiss keine dritte Macht zwischen Kapital und Arbeiterklasse, die noch dazu fähig wäre, die beiden Hauptklassen des Kapitalismus gleichzeitig niederzuhalten.

3. Bauer hat – im Gegensatz zum Marxismus-Leninismus und Trotzkismus – keine wirkliche Imperialismustheorie, in die er seine Faschismusanschauung einbetten kann. Daher die teilweise etwas eigenartigen Beziehungen zwischen „gesamter Bourgeoisie“, Großkapital und Großgrundbesitz.

4. Bauers Behauptung, die Bourgeoisie hätte lediglich gegen sozialdemokratische Reformen vorgehen wollen und sei letztlich selbst Opfer des Faschismus geworden, nimmt das Kapital doch allzu weit aus der Verantwortung. Aber das ist eben die Konsequenz, wenn man den Klassencharakter des Faschismus missversteht.

5. Es bleibt die Frage nach der historischen Einordnung des Faschismus offen. Dies kann man jedoch auch Bauers recht frühem Tod 1938 zuschreiben.

Maoismus und Faschismus

Eine eigene maoistische Faschismusauffassung existiert nicht. Der Maoismus betrachtet sich selbst ja als antirevisionistischen Marxismus-Leninismus, erweitert um ideologische und Theoriebeiträge Stalins und Mao Tse-tungs. Daher bedient sich der Maoismus der marxistisch-leninistischen Faschismustheorie, d.h. der bereits besprochenen „Dimitiroff-Definition“. Bemerkenswert ist bei maoistischen Gruppen, Organisationen und Parteien jedoch, dass in aller Regel eine abermalige Ausweitung des Faschismusbegriffs erfolgt, dass also jegliche autoritäre Positionierung oder Maßnahme bürgerlicher Staaten diese etwas vorschnell von der parlamentarischen Demokratie zur faschistischen Diktatur macht. Dies ist deshalb von Bedeutung, weil dadurch die Strategie dieser Organisationen bestimmt wird: Deshalb lehnen einige maoistische Gruppen die Beteiligung am Parlamentarismus in bürgerlichen Demokratien ab und propagieren stattdessen den antifaschistischen Volkswiderstand, den Guerillakampf, die Volkserhebung oder den revolutionären Bürgerkrieg – in solchen Staaten, wo dies andere Kommunisten, die sogar in Parlamenten und Regierungen sitzen, nicht so sehen. Diese Problematik betrifft z.B. maoistische Gruppen in der Türkei, in Indien und Nepal, und mit einer ähnlichen Positionierung lag hier auch ein bedeutender Fehler in der Grundhaltung der RAF vor.

Anarchismus und Faschismus

Diese übertriebene Ausweitung des Faschismusbegriffes teilen übrigens viele heutige autonome/anarchistische Anschauungen mit dem Maoismus, wobei dies nicht nur die Einschätzung staatlicher Einheiten trifft, sondern auch (vermeintlicher oder realer) Herrschaftsmittel – am absurdesten wohl der Gedanke, das Geld an sich habe faschistischen Charakter. Der Grund hierfür liegt freilich in der Überbetonung des Antiautoritären, des Antistaatlichen. Eine eigentliche anarchistische Theorie über den Faschismus gibt es nicht – die wichtigsten Theoretiker des Anarchismus haben den Faschismus entweder nicht mehr erlebt oder wurden gerade durch ihn frühzeitig ermordet.

In der Beziehung zwischen Anarchismus und Faschismus gibt es einer Reihe von Problemen. Zunächst kann man dem Anarchismus aber nicht absprechen, in aller Konsequenz antifaschistisch zu sein, das wurde z.B. im Spanischen Bürgerkrieg praktisch bewiesen, egal wie man das unmittelbare Wirken der Anarchisten in diesem Zusammenhang einschätzt. Deutlich außer Frage steht im Anarchismus, dass die schlechteste Demokratie besser bewertet wird als die beste Diktatur. – Nun aber zu dem Problemstellungen.

1. Obwohl in den fortschrittlicheren Anarchismus-Varianten (v.a. bei Kropotkin und im Anarchosyndikalismus) durchaus anders angelegt, neigen anarchistische Anschauungen zur Klassenindifferenz. Damit ist der Anarchismus auch offen für die bürgerliche Totalitarismus-Doktrin, die eine Gleichsetzung zwischen Faschismus und Sozialismus behauptet, wobei ersterer ein wenig entlastet, letzterer dafür umso mehr diskreditiert werden soll. Das bedeutet, dass sich in aller Regel für den Anarchismus die Stellung zum deutschen NS-Staat nicht von jener zur UdSSR unterscheidet, die Stellung zur NSDAP nicht von jener zur KPdSU, KPD oder KPÖ etc. – in der noch banaleren Variante wird auf den Sozialismus und Kommunismus gar der unsinnige Begriff „Linksfaschismus“ angewandt.

2. Aufgrund seiner Staatsauffassung kann der Anarchismus in der Praxis kaum für die antifaschistische Demokratie kämpfen, sondern lediglich für die anarchistische Revolution. Er gerät hier in Widerspruch nicht nur zum Marxismus-Leninismus, der für demokratische Übergangsetappen steht, sondern auch zum Trotzkismus, der – aus Sicht des Anarchismus – wiederum nur eine Variante eines autoritären Staatssozialismus verwirklichen will.

3. Widersprüchlicher Weise kommt es zu Überschneidungen zwischen Anarchismus und Faschismus. Dort nämlich, wo jene Proponenten des Faschismus, die ihre „antikapitalistische“ Facette ernst meinen und tatsächlich von der Vorstellung einer kleinbürgerlich-utopistischen Revolution getrieben sind, die einen frühkapitalistischen Zustand wiederherstellen möge, deckt sich dies mit Varianten des Anarchismus, insbesondere mit dem frühen Anarchismus im Sinne Proudhons. Weitere mögliche Überschneidungen gibt es z.B. auch im Bereich der Freigeld-/Schwundgeld-Theorie. Jeder ernsthafte Anarchist wird sich jedoch klar distanzieren und man sollte des-

wegen nicht die antifaschistische Ausrichtung des Anarchismus in Zweifel ziehen.

„Neomarxistische"-psychologisierende Faschismusauffassung

Zum Abschluss noch ein Wort zur sog. „neomarxistischen" Faschismusauffassung, die mit der Frankfurter Schule (Horkheimer, Adorno) verbunden ist. Das entscheidende Element, das hier in den Vordergrund geschoben wird, ist die psychologische Ebene. Das ist bzw. war schon damals nicht neu, denn bereits 1933 hatte Wilhelm Reich seine „Massenpsychologie des Faschismus" vorgelegt, in dem zwar durchaus auch einige zutreffende Beobachtungen festgehalten sind, ansonsten aber der verzweifelte Versuch unternommen wird, Karl Marx und Sigmund Freud zu kreuzen.

Zugrunde liegt der Überpsychologisierung des Menschen und des Faschismus die Unterstellung, der „klassische" Marxismus würde der psychologischen Ebene nicht Rechnung tragen. Ich halte das für falsch. Wer, wenn nicht Marx und Engels haben sich umfassend zur sozialen, ökonomischen und dadurch – geistigen – Position und Problematik des Kleinbürgers geäußert. Ja, diese Frag durchzieht sogar alle marxistischen Faschismustheorien, von Dimitroff über Trotzki bis Bauer. Wahr ist: Die psychologische Ebene wird nicht überbewertet, denn der Marxismus steht nun mal auf materialistischer Grundlage. Das bedeutet nicht, dass die geistige und seelische Ebene irrelevant wäre, aber eben in letzter Instanz abhängig; und gerade die materielle Erfassung dieser Ebene, gerade das Erfassen des Bewusstseins auf Basis des Seins, das ist ja wohl ein Kernpunkt marxistischer Philosophie.

Es ist nur logisch, dass sodann auch die marxistische Faschismusanalyse das Pferd nicht von hinten aufzäumt. Käme man nämlich auf die abstruse Idee, die Wurzeln des Faschismus und seines Erfolges im autoritären Charakter des Menschen zu suchen, den Faschismus etwa gar zu einer Art Massenpsychose zu erklären – ja, dann reduziert sich der Antifaschismus auf die massenhafte Psychotherapie.

Zuvor unveröffentlicht.

Wirtschaftskrise, Faschismus und Rechtsextremismus

Seit Herbst 2008 verzeichnen jene politischen Parteien, die sich am äußersten rechten Rand des österreichischen Parlamentarismus bewegen, bei bundesweiten und Landtagswahlen durchgehend massive Zuwächse. Die „Freiheitliche Partei“ (FPÖ) kann Stimmenanteile verbuchen, die im 21. Jahrhundert zuvor unerreicht waren. Das „Bündnis Zukunft Österreich“ (BZÖ) hätte in Kärnten um Haaresbreite die Hälfte aller im Landtag zu vergebenden Mandate erhalten, was lediglich durch das Antreten der FPÖ-Konkurrenz verhindert wurde. Gleichzeitig macht sich eine gesteigerte Aktivität offen rechtsextremer und neofaschistischer Gruppierungen in Österreich bemerkbar. Der Wiederaufstieg des Rechtsextremismus und das strukturierte Neuengagement des Faschismus bergen einige Zusammenhänge mit der gegenwärtigen Weltwirtschaftskrise in sich. Wie diese beschaffen sind, ist mittels theoretischer Verallgemeinerungen historischer Beispiele zu begründen und anhand aktueller Begebenheiten zu belegen. Die folgenden Betrachtungen möchten diesen Versuch unternehmen.

Der Faschismus als besondere monopolkapitalistische Herrschaftsform ist ein repressives Instrument des Finanzkapitals zur direktesten Unterdrückung und Ausbeutung der Arbeiterklasse und nichtmonopolistischer Gesellschaftsschichten, zur Ausschaltung revolutionärer, linker, aber auch bürgerlich-demokratischer Organisationen sowie zur Umsetzung gesteigerter imperialistischer Aggression in politischer, ökonomischer und militärischer Hinsicht. Diesbezüglich gelten Georgi Dimitroffs Worte, wonach der Faschismus „die offene terroristische Diktatur der reaktionärsten, der am meisten chauvinistischen, am meisten imperialistischen Elemente des Finanzkapitals“ [1] darstellt.

Doch darüber hinaus ist der Faschismus noch mehr, nämlich als Bewegung und Ideologie, als politische Strategie der reaktionärsten und aggressivsten Teile des Finanzkapitals. Als solche gewinnt der Faschismus in Zeiten der Wirtschaftskrise und der daraus folgenden politischen Krise an Bedeutung. Der Faschismus erfüllt in dieser Hinsicht defensive und offensive Aufgaben, ist ebenso Instrument der Systemsicherung des staatsmonopolistischen Kapitalismus wie des antizipierten Angriffs auf potenzielle wie reale emanzipatorische Systemalternativen – in diesem Sinne meinte Dimitri Manuilski

1931: „Der Faschismus ist nicht nur der Ausdruck der Krise des Kapitalismus und der beginnenden Zersetzung der herrschenden Klassen … Der Faschismus ist eine der Formen der Offensive des Kapitals, die in sich die Elemente der bürgerlichen Krise trägt. Der Faschismus ist sowohl Offensive, als auch Verteidigungsmaßnahme des Kapitals.“ [2]

Charakteristik und Bedeutung der faschistischen Bewegung

Offensichtlich bedarf es einer genaueren Betrachtung der faschistischen Bewegung, also des Charakters, der Ausgangsbedingungen, der Funktionen und der Zielsetzungen faschistischer Parteien und Organisationen. Kurt Gossweiler schreibt diesbezüglich: „Der Faschismus zeichnet sich … als eine konterrevolutionäre politische Bewegung neuen Typs vor allem dadurch aus, dass er die Eigenschaften einer extrem terroristischen Bürgerkriegstruppe gegen die Arbeiterbewegung mit denen einer Organisation zur Gewinnung und Mobilisierung von Massen in sich zu vereinigen sucht.“ [3]

Vor diesem Hintergrund hatten etwa die Bewegungen des historische Faschismus – sei es nun der Nationalsozialismus oder der Austrofaschismus – zunächst eine Doppelfunktion zu erfüllen, „sie sollen die Arbeiterorganisationen zerschmettern, aber sie sollen zugleich die sozialistischen Arbeiter einfangen und der imperialistischen Bourgeoisie als Massenbasis zur Verfügung stellen; sie sollen Bürgerkriegstruppe und Propagandatruppe, Terrorgarde und Missionsgesellschaft in einem sein. Aus dieser Doppelaufgabe ergibt sich die für voll ausgebildete faschistische Bewegungen charakteristische Doppelstruktur von Wehrverband und Partei.“ [4]

Einerseits sollten also sozialdemokratische, sozialistische und kommunistische Organisationen und Einzelpersonen mit Terrormethoden auf das Schärfte bekämpft werden, mit dem Ziel der Vernichtung der linken Arbeiterorganisationen und der Gewerkschaftsbewegung. So dienen faschistische Gruppierungen in technischer Hinsicht als terroristischer Stoßtrupp des Finanzkapitals gegen kommunistische, linke und sonstige demokratisch-antifaschistische Organisationen und Einzelpersonen, zum Teil auch gegen unliebsame Repräsentanten des bürgerlich-demokratischen Staatsapparates. Der historische Faschismus hatte hierfür eigene Unterstrukturen bzw. paramilitärische

Organisationen, so etwa die NSDAP die SA und die SS oder der Austrofaschismus die Heimwehr.

Gleichzeitig sollte aber die Mitgliedschaft der Organisationen der linken Arbeiterbewegung möglichst übernommen werden, d.h. die Arbeiterschaft sollte im Sinne des Faschismus „nationalisiert" werden – hierfür bedient sich der Faschismus einer besonderen sozialen Demagogie, bis hin zu einer sich „antikapitalistisch" und „sozialrevolutionär" gebenden Rhetorik und Phraseologie, womit er sich als tatsächliche Systemalternative ausgeben will. In propagandistischer Hinsicht versucht der Faschismus, mittels sozialer Demagogie sowie rassistischer, nationalistischer und chauvinistischer Kampagnen berechtigte Empörung über die bürgerliche und sozialdemokratische Politik sowie über die negativen Folgen der kapitalistischen Produktionsweise und ihrer Krise fehlzuleiten und für die reaktionären Zwecke des Finanzkapitals zu instrumentalisieren.

Anzumerken ist, dass bezüglich der zweiten Aufgabenstellung – der Rekrutierung einer Massenbasis aus der Arbeiterklasse – der historische Faschismus überall gescheitert ist, sei es nun in Deutschland, Österreich oder Italien. Überall blieb die Arbeiterschaft in den faschistischen Parteien und Massenorganisationen massiv unterrepräsentiert, gemessen an ihrem Anteil an der Gesamtbevölkerung. Betrachtet man die Sozialgliederung der NSDAP-Mitgliedschaft des Jahres 1930, so fällt auf, dass die klassischen Arbeiter, die damals 46% der deutschen Gesamtbevölkerung stellten, lediglich 28% der NSDAP-Mitglieder ausmachten (am deutlichsten überrepräsentiert waren demgegenüber die Selbständigen); ebenso ging der rasante Wählerstimmenzuwachs der NSDAP 1928-1932 von 0,8 auf fast 14 Millionen ausschließlich zulasten der bürgerlichen Parteien und keineswegs der beiden linken Arbeiterparteien SPD und KPD, die im selben Zeitraum ihre gemeinsame Gesamtstimmenanzahl sogar ausbauen konnten. [5]

Das bedeutet, dass die soziale Demagogie und die „sozialrevolutionäre" Phraseologie des historischen Faschismus, insbesondere des „Nationalsozialismus", ihr eigentliches Ziel nicht erreicht haben. Es war in Deutschland und Österreich nicht möglich, auf diese Weise aus der Arbeiterklasse eine Massenbasis für den Faschismus, für die NSDAP zu rekrutieren. Das heißt aber nicht, dass diese Propaganda wirkungslos war – sie hat sogar ausgezeichnet gegriffen, lediglich die eigentlich vorgesehene Zielgruppe wurde verfehlt. Angesprochen hat die vorgeblich „sozialrevolutionäre“ Ausrichtung des NS-Faschismus zwar nicht die Arbeiterklasse, dafür aber umso mehr das Kleinbürgertum (und die Bauernschaft, die sich in ähnlicher Lage wie das Kleinbürgertum befindet). Gossweiler stellt fest, dass „die Werbebemühungen der Nazis um die Arbeiter erfolglos, aber nicht ergebnislos blieben. Was ihnen bei den Arbeitern nicht gelang, gelang ihnen umso gründlicher bei den Mittelschichten in Stadt und Land. Zur Massenpartei entwickelte sich die faschistische Partei also nicht als ‚nationale Arbeiterpartei‘, sondern als Kleinbürgerpartei, genauer gesagt: als imperialistische Partei mit vorwiegend kleinbürgerlicher Gefolgschaft.“ [6]

Daraus ist zu lernen, dass für faschistische (und rechtsextreme) messianische Heilsversprechungen auf Basis sozialer Demagogie nicht jene besonders anfällig sind, die ohnedies nichts besitzen (d.h. die Arbeiterklasse), sondern vorrangig diejenigen, die noch etwas zu verlieren haben (kleine Selbständige, Kleineigentümer, Bauern) und denen eine radikaloppositionelle Protestbewegung gegen das System und seine Missstände geboten wird. Wiederum Gossweiler schreibt: „Faschistische Bewegungen können nämlich zu Massenbewegungen werden nur als Bewegungen des Protestes und des radikalen, unversöhnlichen Kampfes gegen eine bestehende, von breiten Massen des Kleinbürgertums als unerträglich empfundene und ihnen deshalb verhasste Ordnung.“ [7] – So ist es eine bemerkenswerte Tatsache, „dass der Verlust des Vertrauens breiter kleinbürgerlicher Kreise in den Kapitalismus als beste aller Ordnungen, das Verlangen nach einer neuen, sozial gerechteren, die Mittelschichten vor der Ausplünderung durch das große Kapital schützenden Ordnung, deren Herstellung sie von den Faschisten erwarteten, gleichfalls eine Folge und zugleich ein Symptom der allgemeinen Krise des Kapitalismus war.“ [8]

Wenngleich das tatsächliche Erreichen einer Massenbasis für faschistische Bewegungen auf diese Weise keineswegs garantiert ist, so ist es in Deutschland und Österreich aber eben doch gelungen. Und die kleinbürgerliche Massenbasis wurde freilich ebenso dankend angenommen – und instrumentalisiert. Das gleichzeitige Ziel einer Schwächung der sozialdemokratischen und kommunistischen Bewegung durch Abwerbung ihrer Mitglieder konnte dadurch aber eben nicht erreicht werden.

Natürlich ist das Kleinbürgertum bei seinem Übergang zum Faschismus falschen Versprechungen aufgesessen, auf der Grundlage jener eigenen Verantwortung, selbst von falschen Positionen ausgegangen zu sein. Der spezifische Klassencharakter des Faschismus ist nicht einfach ein allgemein bürgerlicher, sondern ein großkapitalistischer bzw., um wirklich präzise zu sein, ein monopolkapitalistischer oder finanzkapitalistischer, ein imperialistischer. Das Kleinbürgertum, das als nichtmonopolistische Gesellschaftsschicht objektiv im Gegensatz zum Monopolkapital steht, stellt sich widersprüchlicher Weise seinem ökonomischen Bedrücker und dessen Zielen, die gegen die eigenen Interessen gehen, als willfährige soziale Basis zur Verfügung. Der Grund liegt in jener vorgeblichen Ausrichtung des Faschismus, die ihn als dritte Front zwischen Bourgeoisie und Arbeiterklasse, zwischen Kapitalismus und Sozialismus, zwischen Liberalismus und Marxismus erscheinen lässt – eine Ausrichtung, die zwar ideologisch-propagandistisch, aber nicht in der Wirklichkeit existieren kann, und mit der sich der selbst in auswegsloser Lage befindliche Kleinbürger gerne identifiziert, da sie seiner eigenen Position und Wirkungsohnmächtigkeit entspricht.

Wirft man einen Blick auf die Programmatik des NS-Faschismus (Selbiges wäre beim Austrofaschismus möglich [9]), so entdeckt man schnell jene Forderungspunkte, die – bewusst oder unbewusst – an das Kleinbürgertum adressiert sind. In diesen gibt sich der Faschismus als über den Gesellschaftsklassen stehend und allein einem fiktiven klassenharmonischen „Gemeinwohl“ verpflichtet („Gemeinnutz vor Eigennutz“). Im berühmten 25-Punkte-Programm der NSDAP etwa verlangt diese u.a. die „Abschaffung des arbeits- und mühelosen Einkommens, Brechung der Zinsknechtschaft … die Verstaatlichung aller (bisher) bereits vergesellschafteten (Trusts) Betriebe … Gewinnbeteiligung an Großbetrieben … die Schaffung eines gesunden Mittelstandes und seine Erhaltung, sofortige Kommunalisierung der Groß-Warenhäuser und ihre Vermietung zu billigen Preisen an kleine Gewerbetreibende, schärfste Berücksichtigung aller kleinen Gewerbetreibenden bei Lieferung an den Staat, die Länder oder Gemeinden … eine unseren nationalen Bedürfnissen angepasste Bodenreform, Schaffung eines Gesetzes zur unentgeltlichen Enteignung von Boden für gemeinnützige Zwecke. Abschaffung des Bodenzinses und Verhinderung jeder Bodenspekulation.“ [10]

Diese Teile des NSDAP-Programms, die sich in den Punkten 10 bis 18 konzentrieren, sprechen in ihrer scheinbar „sozialrevolutionären", in Wirklichkeit reaktionären, bloß angeblich „antikapitalistischen" Ausrichtung also die Gefühle und das falsche Bewusstsein des Kleinbürgertums sowie der kleinen und mittleren Bauernschaft an, wo sie auf fruchtbaren Boden fallen. Es geht gegen einen diffusen „Finanz- und Wucherkapitalismus", gegen das „raffende Kapital", gegen das Spekulantentum (man will also die „Probleme" des Kapitalismus an der lediglich vermittelnden Zirkulationssphäre festmachen, wohingegen das Grundproblem des Kapitalismus natürlich in der Produktionssphäre zu finden ist).

Später wurde seitens der NSDAP dies alles mit dem Judentum – und zwar ausschließlich mit diesem – identifiziert, womit dem Kleinbürgertum gleich doppelt entsprochen wurde. Der moderne Kapitalismus soll von seinen „Schattenseiten" befreit werden, was für das Kleinbürgertum ein geradezu bestechender Ansatz ist, wie Karl Marx schrieb: „Für den Kleinbürger, der in der Warenproduktion das nec plus ultra menschlicher Freiheit und individueller Unabhängigkeit erblickt, wäre es natürlich sehr wünschenswert, der mit dieser Form verbundnen Missstände überhoben zu sein." [11] Darüber hinaus ist mittels irrationaler rassistischer Ideologie der Sündenbock ebenfalls bereits gefunden, womit die eigentlich notwendige Konfrontation mit dem Großkapital (vorerst) ausbleiben kann.

Abhängig von den konkreten Realisierungsbedingungen bestehen für die Errichtung einer faschistischen Diktatur sodann zwei Möglichkeiten.

Mittels umfassender Finanzierung und Unterstützung durch relevante Teile des Finanzkapitals kann es der faschistischen Bewegungen gelingen, sich eine relative Massenbasis zu schaffen. Dabei orientiert sie auf deklassierte oder vor der Deklassierung stehende Teile des Kleinbürgertums sowie auf möglichst unbewusste Teile der Arbeiterklasse und das Lumpenproletariat, ohne dabei jedoch ihren Klassencharakter als finanzkapitalistisches Instrument zu verlieren. Auf diese Weise kann es zur Errichtung einer faschistischen Diktatur „von unten" kommen – historische Beispiele für diese totalitär-faschistische Variante („Massenparteifaschismus") sind der deutsche NS-Faschismus oder der italienische Faschismus.

Die zweite Möglichkeit besteht darin, dass es – nachdem faschistische Terrorbanden vor dem Hintergrund massiver sozialer Verwerfungen in Krisenzeiten in der Gesellschaft für permanente Unsicherheit, die Einschüchterung breiter Bevölkerungsteile oder sogar chaotische bis (latent) bürgerkriegsähnliche Zustände gesorgt haben – zur schleichenden Faschisierung des Staatsapparates bzw. zur putschartigen Errichtung einer faschistischen Diktatur „von oben" kommt, im Bündnis von Faschismus bzw. Rechtsextremismus, Konservativismus und Militarismus. Historische Beispiele für diese autoritär-faschistische Variante („Militärfaschismus") sind die faschistischen Diktaturen in Ungarn oder Chile, tendenziell auch der Spezialfall Österreich 1934-1938.

Freilich können beide Entwicklungen auch Hand in Hand gehen, ehe sich entscheidet, auf welche unmittelbare Weise die faschistische Diktatur errichtet wird. In Deutschland war dies nach den gescheiterten Versuchen des Kapp-Putsches und des Hitler-Ludendorff-Putsches eine Zeitlang in Schwebe, ehe das Finanzkapital mit Beginn der Weltwirtschaftskrise deutlich zur Unterstützung der NSDAP überging. Und nachdem dies mit den bereits autoritären Präsidialkabinetten vorbereitet worden war, musste die NSDAP rechtzeitig zum Ausgang der Krise an die Macht gebracht werden, da sie andernfalls ihre während der Krisenjahre aufgebaute Massenbasis wieder zu verlieren drohte. Gleichzeitig hatte man sich aber beste Ausgangsbedingungen für die Errichtung der offenen Diktatur geschaffen, wie Ernst Thälmann damals feststellte: „Aufgrund der Erschütterung des kapitalistischen Systems und der Verschärfung des Klassenkampfes geht die Bourgeoisie zu neuen, reaktionären Kampfmethoden über, zu den Methoden der Faschisierung des Staatsapparates." [12] Die Übertragung der formellen politischen Macht an Adolf Hitler im Jahre 1933 war lediglich der logische Endpunkt dieser Entwicklung.

Mit Dimitroff können wir den historischen Fall und seine Hintergründe folgendermaßen zusammenfassen: „Als die äußerst schwere Wirtschaftskrise hereingebrochen war, die allgemeine Krise des Kapitalismus sich heftig verschärft und die werktätigen Massen sich revolutioniert hatten, ging der Faschismus zum breiten Angriff über. Die herrschende Bourgeoisie sucht immer mehr ihre Rettung im Faschismus, um die schlimmsten Ausplünderungsmaßnahmen gegen die Werktätigen durchzuführen, um einen imperialistischen Raubkrieg vorzubereiten, um die Sowjetunion zu überfallen … und durch alle diese Schritte die Revolution zu verhindern. Die imperialistischen Kreise suchen die ganze Last der Krise auf die Schultern der Werktätigen abzuwälzen. Dazu brauchen sie den Faschismus. Sie wollen das Problem der Märkte durch Versklavung der schwachen Völker, durch Steigerung der kolonialen Unterdrückung und durch eine Neuaufteilung der Welt auf dem Wege des Krieges lösen. Dazu brauchen sie den Faschismus. Sie suchen dem Anwachsen der Kräfte der Revolution durch Zerschlagung der revolutionären Bewegung der Arbeiter und Bauern und durch den militärischen Überfall auf die Sowjetunion, das Bollwerk des Weltproletariats, zuvorzukommen. Dazu brauchen sie den Faschismus.“ [13]

Im Folgenden wollen wir die Erkenntnisse aus dem historischen Fall in Bezug zur Gegenwart setzen. Nun steht zwar die Errichtung faschistischer Diktaturen in Europa nicht gerade auf der Tagesordnung des Finanzkapitals, der Faschismus bleibt aber in mehrfacher Hinsicht „strategische Reserve der herrschenden Klassen“ [14], wie Reinhard Kühnl sagt. In Krisenzeiten und in deren Gefolge mögen sich Teile des imperialistischen Finanzkapitals durchaus aus der Reserve gelockt sehen. Hierfür sprechen nicht nur gewisse Indizien und Tendenzen, sondern auch aktuelle Beispiele. Gossweiler schrieb dazu: „Wenn die faschistische Bewegungen in der Gegenwart eine weit geringere Rolle spielen als in den dreißiger Jahren, dann trägt dazu … auch der Umstand bei, dass die Monopolbourgeoisie in den führenden kapitalistischen Industrieländern bisher keine solchen Bemühungen zur Heranzüchtung faschistischer Parteien unternahm, die denen der deutschen Monopolbourgeoisie anfangs der dreißiger Jahre vergleichbar wäre, und dass bisher auch die Mittelschichten noch nicht in dem gleichen Maße den katastrophalen Wirkungen der Weltwirtschaftskrise ausgesetzt waren, wie etwa in den Jahren der Weltwirtschaftskrise 1929 bis 1933 […] Aber wir haben bereits einige warnende Beispiele erlebt, die uns vor Illusionen und leichtfertigem Optimismus bewahren sollten. In den Jahren der zyklischen Krise 1966/67 stiegen die Stimmen für die neofaschistische NPD in der Bundesrepublik sprunghaft an“. [15]

Neofaschismus und Rechtsextremismus heute

Die gegenwärtige Weltwirtschaftskrise beendet die Phase des so genannten „Neoliberalismus“, d.h. einer umfassenden Neuentfaltung des aggressiven und repressiven Wesens des Imperialismus, die durch den Zusammenbruch des sowjetischen und osteuropäischen Sozialismus 1989/90 zusätzlich Fahrt aufgenommen hat. Was Johann Koplenig über die Situation 1924 sagte, trifft auch in Bezug auf den Neoliberalismus zu: „Die kapitalistische Offensive auf wirtschaftlichem Gebiet findet ihre Ergänzung in der fortschreitenden Reaktion auf politischem Gebiet." [16]

Es gilt diesbezüglich, was Lenin dem Imperialismus grundsätzlich attestierte: „Der politische Überbau über der neuen Ökonomik, über dem monopolistischen Kapitalismus ... ist die Wendung von der Demokratie zur politischen Reaktion. Der freien Konkurrenz entspricht die Demokratie. Dem Monopol entspricht die politische Reaktion." [17] Der Drang des Finanzkapitals nach möglichst reibungsfreier und im Zweifelsfall unumschränkter Herrschaft hat eine ökonomische Grundlage, die auch die ökonomische Grundlage des Faschismus darstellt. Gossweiler erklärt: „Dieser Drang ergibt sich aus dem objektiven Zwang, zur Sicherung der für das Überleben im Konkurrenzkampf der Monopolriesen notwendigen Akkumulation nicht nur den einfachen, ‚normalen' Durchschnittsprofit, sondern Extraprofite, Monopolprofite, zu erzielen. Der Monopolprofit wird auf Kosten der gesamten Gesellschaft erzielt. Die bürgerliche Demokratie und der bürgerliche Parlamentarismus belassen aber den nichtmonopolistischen Klassen und Schichten immerhin noch – wenn auch begrenzte – Möglichkeiten, sich gegen die verstärkte Ausbeutung und Ausplünderung durch das Monopolkapital und den mit ihm verfilzten Großgrundbesitz zur Wehr zu setzen. Daher bei letzteren das Streben nach Beseitigung dieser Möglichkeiten, nach Beseitigung der parlamentarischen Demokratie und Errichtung ihrer uneingeschränkten, offenen Diktatur, in welcher Gestalt und unter welchem Namen auch immer." [18]

Ist diese Tendenz im Zeitalter des Imperialismus immer gegeben, so nimmt sie unter bestimmten Umständen faschistische Gestalt an – historisch erstmals mit dem Eintritt des Kapitalismus ins Stadium seiner allgemeinen Krise. Indem wir es mit der Weltwirtschaftskrise 1929-1933 mit „einer zyklischen Krise auf dem Boden der allgemeinen Krise des kapitalistischen Systems im Zeitalter des Monopolkapitalismus" [19] zu tun hatten, wie Thälmann schreibt, tritt der Faschismus in diesen Jahren, nach seinen früheren Anfängen in Italien und Ungarn, konzentriert auf: in Deutschland, Österreich, Spanien, Portugal und einigen anderen Ländern.

Ähnliches ist für die nunmehrige Krise in Europa zwar nicht in Aussicht zu stellen, doch in der Tendenz hat der „Neoliberalismus“, welcher der Krise voranging und sie begünstigte, bereits für die maximale Straffung der Herrschaftsmethoden im bürgerlich-demokratischen Parlamentarismus gesorgt, zuletzt durch die angebliche „Antiterror“-Gesetzgebung seit den Anschlägen vom September 2001. Der Prozess der Entdemokratisierung, die bewusste Schaffung von Unsicherheiten und Willkürelementen im Rechtsstaat, die Ausweitung von Exekutivbefugnissen, die Militarisierung und Aufrüstungspolitik der letzten Jahre haben Bedingungen und Anknüpfpunkte geschaffen, derer sich das Finanzkapital im Zweifelsfall bedienen kann, sowohl im Inneren des Staates als auch nach außen. Und diese Mittel schafft sie der Imperialismus eben nicht aus Jux und Tollerei, sondern weil dem Finanzkapital bekannt ist, dass mit der früher oder später unausweichlichen Wirtschaftskrise vermehrt antimonopolistischer und antiimperialistischer Widerstand einhergehen wird. Dann benötigt der imperialistische Staat Methoden zur Einschüchterung und Niederhaltung im Inneren gegen die eigene Arbeiterklasse, Mittel zur „kollektivimperialistischen“ Niederhaltung der abhängigen Länder und Nationen sowie die Möglichkeit zur effizienten Teilnahme am imperialistischen Kampf um die Neuaufteilung der Welt, denn die Krise stellt auch innerimperialistische Hegemonialfragen neu. Das letzte Wort des Imperialismus, so als nötig erachtet, bleibt in dieser Hinsicht immer der Faschismus, und Faschismus bedeutet letzten Endes Krieg. Der Imperialismus kennt kein anderes Mittel, um Großmachtsfragen zu „lösen“. Die imperialistischen Blockbildungstendenzen deuten dies bereits an, wobei neben den USA, EU-Deutschland/Frankreich und Russland auch China ungeachtet des Charakters seiner Staatsmacht seine Rolle in dieser Auseinandersetzung finden wird.

Wer indessen den Faschismus als allzu weit weg glaubt oder gar für eine Erscheinung des vergangenen Jahrhunderts hält, möge seinen Blick auf Lateinamerika richten. Dort, wo schon in den 1970er Jahren das Exerzierfeld des „Neoliberalismus“ war und in den vergangenen Jahren progressive soziale und antiimperialistische Volksbewegungen massiv aufkommen, schlägt die mit dem US-Imperialismus verbundene und verbündete Oligarchie entsprechend zurück: Erst im Juni 2009 kam es in Honduras zum Militärputsch gegen die Regierung Zelaya, und das gegenwärtige Putschregime Michelettis, so es sich konsolidiert, kann durchaus als neofaschistisch eingestuft werden. Auch in Venezuela, Ecuador, Bolivien und Nicaragua bestehen ernsthafte Gefahren faschistischer Aktivitäten gegen die Regierungen und Volksbewegungen, zum Teil mit Unterstützung des autoritären, allemal faschistoiden Regimes in Kolumbien. Vor diesem Hintergrund bahnen sich in Lateinamerika Entscheidungen an, die für den weiteren Verlauf des 21. Jahrhunderts durchaus maßgeblich sein könnten.

Zurück zu und nach Europa. Während die EU ein oder sogar das Hauptinstrument des europäischen Imperialismus (richtiger: der europäischen Imperialismen) darstellt, um sowohl demokratische Partizipationsmöglichkeiten der Massen als auch nationale Souveränitäten gleichzeitig mit sozialen Rechten und öffentlichen Eigentumsverhältnissen auszuhebeln, macht sich der Neofaschismus hier vor allem in Form von (noch) kleinen Parteien und Gruppierungen bemerkbar. In Bezug auf diese Gefahr gehen Regierungen, Polizei und Justiz jedoch bestenfalls halbherzig, zumeist verharmlosend vor, was dem Neofaschismus und Rechtsextremismus erstrecht und kontinuierlich zusätzlichen Raum zur Betätigung überlässt.

In Deutschland spielt die bereits 1964 gegründete „Nationaldemokratische Partei" (NPD) eine zentrale Rolle und nimmt gegenüber den konkurrierenden Gruppierungen „Deutsche Volksunion" (DVU) und den „Republikanern" momentan eine klare Hegemonialposition ein. Bereits in den 1960er Jahren und zu Beginn der 70er Jahre war die NPD in sieben bundesdeutschen (westdeutschen) Landtagen vertreten, ihr bestes Bundestagswahlergebnis erreichte sie 1969 mit 4,3% der Stimmen. In den letzten Jahren ist es der NPD gelungen, im Osten Deutschlands vermehrt Fuß zu fassen, wo sie die sozialen Verlierer der Annexion der DDR durch die BRD anzusprechen versucht. Gegenwärtig ist die NPD mit Mandaten in den Landtagen von Mecklenburg-Vorpommern und Sachsen vertreten, in Thüringen wurde der Landtagseinzug knapp verfehlt. Bei den Bundestagswahlen stagnierte die NPD zuletzt, nachdem sie sich 2005 gegenüber 2002 von 0,4% auf 1,6% Stimmenanteil steigern konnte, erreichte sie 2009 1,5%.

Dem Inhalt nach spielt die NPD nach der Partitur der NSDAP. Sie fordert in ihrem Parteiprogramm aus dem Jahre 1996 eine „soziale Volkswirtschaft", in der „das Finanzkapital" der deutschen Volkswirtschaft zu dienen habe und in der die „Arbeitnehmer … am Produktivvermögen zu beteiligen" seien. Sie lehnt die „schrankenlose Vermehrung des Geldkapitals" durch „Kredit- und Zinsprivilegien" ab. Sie stellt fest: „Grund und Boden sind Eigentum des deutschen Volkes." Weiters orientiert die NPD auf kleine und mittlere Eigentümer: „Die mittelständische Wirtschaft muss als lebenswichtiger Bestandteil unserer Volkswirtschaft erhalten und … gestärkt werden." [20] Dies alles korreliert weitgehend mit den weiter oben zitierten Punkten des NSDAP-Programms von 1925.

Noch deutlicher wird die NPD in ihrem Wahlprogramm für die Bundestagswahl 2009. In der Präambel heißt es: „Die gegenwärtige Krise des Weltfinanzsystems bietet die historische Chance, den Teufelskreis aus Überschuldung, Zins und Zinseszins und einem irrwitzigen Monopoly-Börsenkapitalismus zu verlassen, um zu Eigenverantwortung, Dezentralisierung und schließlich zur Rückerlangung unserer nationalen Handlungsfreiheit zu gelangen." [21] Die NPD wendet sich gegen die „Globalisierung", gegen Steuervorteile für Reiche und Konzerne als Folge der „europaweiten neoliberalen Gesetzgebung", gegen den „Haifischkapitalismus" und das Primat der „Profitinteressen multinationaler Konzerne". Für die Finanzkrise – nicht die Wirtschaftskrise, wohlgemerkt – macht die NPD „angloamerikanische Heuschreckenparadiese" verantwortlich. Demgegenüber tritt die NPD für existenzsichernde Arbeit und sozialstaatliche Absicherungen für alle Deutschen ein. Doch mit diesem „Antikapitalismus" nicht genug, gibt sich die NPD auch „antiimperialistisch": Sie fordert den NATO- und EU-Austritt der BRD, die Einstellung aller Tätigkeiten im Rahmen der Weltbank und des IWF sowie den Rückzug aller deutschen Soldaten aus dem Ausland (Afghanistan, Ex-Jugoslawien).

In Österreich fehlt bislang eine der deutschen NPD vergleichbare Partei, was auch mit der Existenz und Ausrichtung der FPÖ zu tun hat (zu dieser kommen wir später). Die im fraglichen Bereich agierenden Organisationen kommen über den Status von Splittergruppen kaum hinaus und sind zum Teil von ganz erstaunlicher Unprofessionalität geprägt – in einer Wechselwirkung hängt dies mit der fehlenden Unterstützung durch relevante Teile des Kapitals zusammen. Waren es einst Norbert Burgers „Nationaldemokratische Partei“ (NDP) oder Gottfried Küssels „Volkstreue Außerparlamentarische Opposition“ (VAPO), die in der offen rechtsextremen bzw. neofaschistischen Szene tonangebend waren, so sind es gegenwärtig die „Arbeitsgemeinschaft für demokratische Politik“ (AfP) mitsamt ihrer Jugendorganisation „Bund freier Jugend“ (BfJ) sowie eine Gruppierung namens „Nationale Volkspartei“ (NVP), die trotz ihrer szeneinternen Isolation und ihrer z.T. dilettantischen Führung im Laufe des Jahres 2009 für mediales Aufsehen gesorgt hat. Dies war nicht zuletzt deshalb der Fall, weil im April desselben Jahrs aufgedeckt worden war, dass einige Passagen des NVP-Parteiprogramms wortwörtlich aus einem Schulungstext der nationalsozialistischen SS („Schutzstaffel“) übernommen sind. [22]

Uns sollen im Folgenden exemplarisch jedoch jene Abschnitte des NVP-Programms interessieren, die sich „kapitalismuskritisch“ oder gar „antikapitalistisch“ gerieren, sowie auf die Wirtschaftskrise bezogene Propaganda.

Zu Beginn ihres Parteiprogramms stellt die NVP fest, dass die politisch Herrschenden im Staat, „nicht im Interesse unseres Volkes handeln, sondern der Großindustrie, den Multikonzernen und der internationalen Hochfinanz dienen.“ In weiterer Folge wird die „Globalisierung“ als „kapitalistische Weltrevolution“ bezeichnet, die nach Ansicht der NVP die „schamlose Bereicherung Weniger durch die an Sklaverei grenzende Ausbeutung der Arbeitskraft der Völker“ bedeutet. Der Kapitalismus und seine angebliche Alternative werden folgendermaßen dargestellt: „In der Marktwirtschaft dominiert der Markt, in der Volkswirtschaft das Gemeinwohl des Volkes, wobei der Markt – neben der Eigenwirtschaft und dem öffentlichen Bereich – der Volkswirtschaft als Ganzem untergeordnet ist. Wir geben dem keynesianischen (John Maynard Keynes) Ansatz zur Wiederherstellung staatlicher Souveränität, als staatliche Ordnungsaufgabe zur Regelung des Marktes den Vorrang für eine sozialrevolutionäre Umgestaltung der Wirtschaft. Die Großindustrie unter staatlicher Kontrolle wird den Zerstörungswettbewerb von Groß gegen Klein beenden. Der unternehmerische Mittelstand wird dann wieder seinen ihm zustehenden Entfaltungsspielraum bekommen. Das Plündern durch die ausländischen Unternehmen wird beendet.“ Die NVP bekennt sich zu einem nationalen Sozialstaat und nennt als positive Vorbilder die sozialistisch orientierten Länder Venezuela und Bolivien. Allerdings muss sie freilich klarstellen: „Unser Ziel ist natürlich nicht die kommunistisch klassenlose Gesellschaft, die keine persönlich verantwortlichen Unternehmer mehr vorsehen würde, sondern unser Ziel ist der Nationalstaat, auf dessen gesellschaftlicher Ebene auch das selbstständige Handwerk, die Klein- und Mittelindustrie, die Landwirtschaft und der Handel ihren Platz vorfinden werden. Das Ziel des Nationalismus ist auch nicht der Klassenkampf, sondern die Volksgemeinschaft. Unser Gegner ist das internationale, mobile Kapital – dieses ist vaterlands- und heimatlos." Und so kommt die NVP zu dem Schluss: „Wer dem Großkapital die Macht nicht nimmt, wird deren Knecht sein." [23]

Über die Ursache der gegenwärtigen Krise (laut NVP „Weltfinanzkrise", nicht Weltwirtschaftskrise) meint die NVP, der „Zins" als zentrales Element des „jetzigen Systems" sei die „Wurzel allen Übels". Und weiter: „Die Zinswirtschaft hat im 20. Jahrhundert bereits zwei Weltkriege ausgelöst, oder zumindest wesentlich dazu beigetragen […] Mit dem Zins in unserem Geldsystem ist … eine Umverteilung von Geld verbunden, welche nicht auf Leistung beruht, sondern alleine auf Besitz. Zins bewirkt eine Umverteilung des Geldes von Arbeit zum Kapital." [24]

Unterm Strich liest sich dies alles ganz ähnlich wie die Programme der NSDAP oder der NPD. Die „Kapitalismusanalyse" und „-kritik" ist bestenfalls oberflächlich und verbleibt überwiegend an der Zirkulationssphäre festgemacht. Und so gibt es auch keine reale Systemalternative, sondern lediglich das Beschwören reaktionärer und von der progressiven kapitalistischen Entwicklung längst überholter Vorstellungen über einen freien Mittelstandskapitalismus und eine freie Bauernschaft – natürlich weiß die NVP nicht, dass systemimmanente Entwicklungen eben zur Monopolisierung und zur Herausbildung des Finanzkapitals und des Imperialismus insgesamt eben gerade auf dieser Grundlage erfolgen mussten. Und so glaubt die NVP auch an die „Klassenharmonie" und die Leitlinie des „Gemeinwohls" im Rahmen des Kapitalismus als Träger ihrer angeblichen „sozialrevolutionären" Umgestaltung. Natürlich ist das alles rückwärtsgewandt und keine Basis einer Befreiung der arbeitenden Menschen und einer Zurückdrängung des Großkapitals, geschweige denn würden durch solche Maßnahmen, wie sie der NVP vorschweben, kapitalistische Krisen verschwinden.

Kommen wir abschließend zur FPÖ, die sich am äußersten rechten Rand des bürgerlichen Parlamentarismus ansiedelt. Die FPÖ ist trotz ihrer Geschichte und entsprechender Berührungspunkte und personeller Überschneidungen keine neofaschistische Partei, weshalb sie die Merkmale faschistischer Bewegungen gewissermaßen eine Stufe tiefer analogisiert. Wenn sie sich selbst als „soziale Heimatpartei" betitelt, dann entspricht das quasi der NSDAP-Ausrichtung, pseudosozialistisch und nationalistisch zu sein, mit dem bereits benannten Ziel der Gewinnung der arbeitenden Bevölkerungsschichten für reaktionäre Zwecke. Im Rahmen des diesjährigen EU-Wahlkampfes plakatierte die FPÖ den Spruch „Soziale Wärme statt EU für Konzerne", gleichzeitig wurde eine Anti-Raiffeisen-Kampagne gestartet, die auf die Bauernschaft abzielt. Beides geht bezüglich Propagandastrategie und Zielgruppen in jene Richtung, die Konstantin Sarodow folgendermaßen beschreibt: „So erzeugt die Schwäche des Position des städtischen Kleinbürgertums, das der Konkurrenz und dem Druck der großen Monopole nicht standhalten kann, die zunehmende Ruinierung und Verschlechterung der Lebensbedingungen relativ großer Bevölkerungsgruppen, insbesondere der Bauernschaft, infolge ihrer zwiespältigen Lage, nicht nur antimonopolistische Stimmungen, die sie objektiv zum Verbündeten der Arbeiterklasse machen, sondern auch Illusionen hinsichtlich der Möglichkeit einer Rückkehr zu den früheren, vormonopolistischen Bedingungen der ‚freien Konkurrenz', veranlasst sie zur Suche nach einem anderen ‚Verteidiger'. Derartige Stimmungen machen diese soziale Gruppe unter bestimmten Bedingungen recht anfällig für den Einfluss der neofaschistischen Demagogie; sie kann zum Lieferanten politischen ‚Fußvolks' für rechtsradikale Organisationen werden. Um so mehr, als die Neofaschisten raffiniert an die dringenden Nöte und Forderungen der Massen appellieren, wobei sie vor einer Kritik an der Politik der bürgerlichen Regierungen und der Monopole nicht haltmachen und sich als wahre ‚Volksfreunde' aufspielen." [25]

In ihrem aktuellen Parteiprogramm (2005) [26] fordert die FPÖ zwar eine „faire Marktwirtschaft" als angebliche „Antwort auf einen schrankenlosen Kapitalismus". Inhaltlich bedeutet dieses Konzept jedoch einen recht radikalen Wirtschaftsliberalismus, völlige Deregulierung, lückenlose Privatisierungen sowie die umfassende Flexibilisierung der Arbeit, wobei dies alles als „Entpolitisierung" und „Entbürokratisierung" der Wirtschaft verkauft wird. Die FPÖ wendet sich gegen einen gut ausgebauten sozialen Wohlfahrtsstaat und setzt stattdessen auf „Chancengleichheit“ und individuelle Selbstverantwortung. Sieht man also genauer hin, dann fehlen der FPÖ eigentlich solche Programmteile, die sie als soziale Alternative ausgeben würden, d.h. diese Ausrichtung für „den kleinen Mann“ wird nur zwischendurch propagandistisch eingestreut. Die FPÖ vertraut offenbar auf ihre Kritik an den „Systemparteien“ und auf das „Ausländerthema“. Und zur Wirtschaftskrise fällt der FPÖ nicht mehr ein, als dass diese in den USA ihren Ursprung hätte, womit suggeriert wird, es müssten lediglich unseriöse und betrügerische US-amerikanische Geschäftsmethoden von Österreich ferngehalten werden. Tatsächlich gelingt es der FPÖ, auf diese Weise am rechten Rand ein weitgehendes Monopol zu erhalten und erfolgreich kleinbürgerliche und sogar sozialdemokratische Wählerschichten zu erreichen. Seitens der FPÖ manifestiert sich die Zielsetzung, SPÖ-Mitglieder abzuwerben, am offensichtlichsten darin, dass auf ihrer Homepage eine „Umstiegserklärung“ von der SPÖ zur FPÖ zum Download bereitsteht.

Insgesamt – bei NPD, NVP und teilweise bei der FPÖ – ist klar zu sehen, wie der heutige Rechtsextremismus bzw. Neofaschismus auf Basis sozialer Demagogie und „antikapitalistischer“ Rhetorik versucht, sozial und ökonomisch bedrängte Bevölkerungsschichten anzusprechen. Offensichtlich begreifen sie die Krise als Chance. Damit haben sie auch durchaus Recht, wie Dimitroff schreibt, denn gerade in Krisenzeiten können „die Massen des Kleinbürgertums, selbst ein Teil der Arbeiter, durch die Not, die Arbeitslosigkeit und die Ungewissheit ihrer Existenz zur Verzweiflung getrieben, … zu Opfern der sozialen und chauvinistischen Demagogie des Faschismus“ [27] werden.

Mit Dimitroff können wir auch die Bedeutung der „kapitalismuskritischen“ Propagandatätigkeit des Faschismus zusammenfassen. Es kann ihm gelingen, „die Massen zu gewinnen, weil er in demagogischer Weise an ihre brennendsten Nöte und Bedürfnisse appelliert. Der Faschismus entfacht nicht nur die in den Massen tief verwurzelten Vorurteile, sondern er spekuliert auch auf die besten Gefühle der Menschen, auf ihr Gerechtigkeitsgefühl und mitunter sogar auf ihre revolutionären Traditionen. […] Der Faschismus handelt im Interesse der extremen Imperialisten, aber vor den Massen tritt er unter der Maske des Beschützers der erniedrigten Nation auf und appelliert an das verletzte Nationalgefühl … Der Faschismus erstrebt die zügelloseste Ausbeutung der Massen, tritt aber mit einer raffinierten antikapitalistischen Demagogie an sie heran, macht sich den tiefen Hass der Werktätigen gegen die räuberische Bourgeoisie, gegen die Banken, die Trusts und die Finanzmagnaten zunutze und stellt Losungen auf, die im gegebenen Moment für die politisch unreifen Massen am verlockendsten sind". [28]

Anzumerken ist natürlich, dass faschistische Parteien und Organisationen ungeachtet ihrer „sozialrevolutionären" und „kapitalismuskritischen" Rhetorik sowie einer etwaigen kleinbürgerlichen Massenanhängerschaft immer Instrumente des Finanzkapitals bleiben. Dieser Widerspruch wird schlagend, sobald eine faschistische Bewegung an die Macht gelangt: „Es ist unbestreitbar, dass, wo immer der Faschismus an die Macht kam, er nirgends etwa eine Politik zugunsten des Kleinbürgertums betrieben hat; ganz im Gegenteil: Überall, wo der Faschismus an die Macht kam, ging es dem Kleinbürgertum ebenso wie den Arbeitern zugunsten des Finanzkapitals an den Kragen, wurde es ökonomisch ausgeplündert und politisch entrechtet wie niemals unter bürgerlich-parlamentarischen Verhältnissen. Deshalb führt der Faschismus an der Macht in aller Regel zu einer raschen Desillusionierung und Enttäuschung seiner bisherigen kleinbürgerlichen Gefolgschaft." [29]

Der geradezu antagonistische Widerspruch zwischen dem monopolkapitalistischen Klassencharakter des Faschismus und seiner kleinbürgerlichen sozialen Basis hat eine direkte Entsprechung in der parlamentarischen bürgerlichen Demokratie: Rechtsextreme Parteien, die in Regierungsverantwortung gelangen, stoßen sodann ebenfalls zwangsläufig ihre überproportional aus den Mittelschichten stammende bisherige Wählerschaft vor den Kopf, wenn sie endlich offensichtlich Politik für das Kapital und nicht für ihre Anhängerschaft machen – genau diese Erfahrung musste z.B. in Österreich die FPÖ in den Jahren 2000 bis 2005 machen. [30]

Bemühen sich Neofaschismus und Rechtsextremismus also durchaus, die Wirtschaftskrise propagandistisch für Mobilisierungs- und Rekrutierungs- oder auch Wahlerfolge unter sozial bedrängten Schichten zu nützen, so besteht im anderen Aufgabenbereich – Zerschlagung linker Arbeiterorganisationen – zunächst ebenfalls vorrangig eine Agitationstätigkeit: Hier wird vor allem die SPÖ-Führung als korrupt und asozial denunziert, andererseits besteht ein

Hauptinteresse darin, dem ÖGB und der Arbeiterkammer jegliche Legitimation, ja die Existenzberechtigung abzusprechen. Zu direkten, auch physischen Auseinandersetzungen zwischen Rechtsextremismus und Sozialdemokratie kommt es lediglich am „linken Rand" der Sozialdemokratie, d.h. etwa im Rahmen antifaschistischer Aktivitäten sozialdemokratischer Jugendorganisationen. Aufgrund des ungleichen Kräfteverhältnisses zuungunsten des Rechtsextremismus und Neofaschismus scheuen dieselben zumeist direkte und offene Angriffe auf sozialdemokratische Veranstaltungen, Lokale, Organisationen oder Personen. In dieser Hinsicht messen sich Neonazis und Rechtsextreme offenbar lieber mit quantitativ schwächeren Gegnern aus dem kommunistischen, anarchistisch-autonomen oder sonstigen linken Bereich, so wurden im Laufe des Jahres 2009 u.a. ein Konzert der KJÖ Braunau und eine Festveranstaltung eines antifaschistischen Vereins in Wien von faschistischen Schlägerbanden überfallen, am Rande antifaschistischer Kundgebungen gab es mehrere rechtsextreme Provokationsversuche.

Insgesamt verzeichnet der diesjährige Verfassungsschutzbericht des österreichischen Innenministeriums einen klaren Anstieg rechtsextremer und neofaschistischer Straftaten: „Im Jahr 2008 wurden 424 Tathandlungen mit einschlägig zuordenbarer rechtsextremistischer, fremdenfeindlicher/rassistischer, islamophober oder antisemitischer Motivation bekannt. [...] Gegenüber dem Jahr 2007 (insgesamt 371 Tathandlungen) stellt dies einen Anstieg um 21,6% dar. 195 Tathandlungen, das sind 43,2%, konnten aufgeklärt werden. Im Jahr 2007 lag die Aufklärungsquote bei 48,1 %. Obwohl sich die Anzahl der rechtsextremen Szenemitglieder gegenüber den Vorjahren kaum verändert hat, ist ein zahlenmäßiger Anstieg von Tathandlungen und Anzeigen festzustellen. Die Gründe für diesen Trend dürften vor allem in einer im Berichtsjahr aktiveren Täterschaft, die auch tendenziell konspirativer agierte, liegen." [31]

Man kann getrost davon ausgehen, dass diese Zahlen lediglich die Spitze des Eisberges markieren, denn allzu oft weigern sich Exekutive und Justiz, einen gegebenen rechtsextremen politischen Tathintergrund zur Kenntnis zu nehmen – der „Klassiker" dieser Verharmlosungsstrategie gibt Vandalismus auf jüdischen Friedhöfen und das Beschmieren von Grabsteinen mit Hakenkreuzen immer noch als „übermütigen und unpolitischen Lausbubenstreich" aus... – Auf der anderen Seite ist der Organisierungsgrad des rechtsextremen Terrors und der Durchführung rechtsextremer Angriffe und Anschläge tatsächlich noch nicht allzu hoch; oft wird dies seitens der Organisationen der „engagierten individuellen Initiative“ überlassen; und einige Straftaten gehen auch auf das Konto der nicht durchgehend ideologisierten Skinhead-Szene, um deren „nationalpolitische Schulung“ sich die rechtsextremen und neofaschistischen Gruppierungen zwar bemühen, was aber noch nicht nachhaltige Erfolge im großen Ausmaß zeigt. Trotzdem wäre es natürlich falsch, hier eine Gefahr kleinzureden oder gar zu negieren, wie es seitens der österreichischen Behörden und der meisten politischen Parteien gerne geschieht.

So sehr nun in den letzten Jahren, besonders aber in den letzten Monaten eine Zunahme rechtsextremer und neofaschistischer Aktivitäten in Österreich (v.a. Oberösterreich, aber auch Vorarlberg) zu beobachten ist, so bleibt die Szene dennoch überschaubar. Offensichtlich sehen Großkapital und Großgrundbesitz vorerst keinen Bedarf am Aufbau einer neofaschistischen Massenorganisation. Einerseits hat dies in Österreich den Grund, dass bereits der demokratisch verbrämte parlamentarische Arm des Rechtsextremismus, FPÖ und BZÖ, als politische Speerspitze der Interessen der reaktionärsten Kreise ausreichen, ja es ist sogar so, dass aufgrund der nachgiebigen Politik von SPÖ und ÖVP nicht einmal unmittelbar der Bedarf besteht, diese Parteien in Regierungsverantwortung zu heben. Trotzdem ist bemerkenswert, wie versucht wird, diese Gruppierungen „salonfähig“ zu machen: der FPÖ-Politiker Martin Graf, auch Mitglied einer deutschnationalen und offen rechtsextremen Burschenschaft, der mit den Stimmen der SPÖ- und ÖVP-Abgeordneten zum dritten Nationalratspräsidenten gewählt wurde, ist nur ein Indiz dafür. Ebenso spekulieren beide Großparteien – SPÖ wie ÖVP – immer wieder damit, auf Landes- und Bundesebene Regierungskoalitionen mit der FPÖ einzugehen, nachdem die ÖVP schon 2000-2006 mit der FPÖ bzw. dem BZÖ eine rechtskonservative Regierungsmehrheit gebildet hatte.

Wenn nun das Monopolkapital gegenwärtig kein unmittelbares Interesse an einer faschistischen Massenorganisation hat, geschweige denn an einer Machtübertragung an eine solche, so stellen sich die von Gossweiler formulierten Fragen: „Wozu aber werden die ‚rechtsextremen‘ Parteien von den Herrschenden überhaupt noch gebraucht? Welche Funktion haben sie noch im politischen System der Bundesrepublik?“ Oder auch in Österreich? Und Gossweiler antwortet an selbiger Stelle: „Erstens braucht man sie für die Kanalisierung der vorhandenen und unvermeidlich anwachsenden Unzufriedenheit und des Protestes von unten in ‚rechte' Bahnen. Die potentiell systemgefährdende Sprengkraft des sozialen Protestes soll in systemstabilisierende Gewalt gegen Linke und gegen jene Minderheiten – unerwünschte Ausländer, Asylsuchende, Obdachlose –, die von den staatlichen Ordnungshütern ins Visier genommen sind, umgewandelt werden. Zweitens braucht man sie für die ideologische Vorbereitung der Bevölkerung zur widerstandslosen Hinnahme der fortschreitenden Demontage der bürgerlich-demokratischen Rechte. Man braucht die lautstarken Rufe der Neonazis nach ‚Wiederherstellung der Ordnung und Sicherheit' und ‚Durchgreifen gegen die organisierte Kriminalität', nach einem starken Staat, der, wie bei Hitler, wieder ‚Ordnung schafft' und seine ‚deutschen Bürger schützt'. Drittens braucht man sie zur Präparierung der öffentlichen Meinung für die Zustimmung zur zunehmend expansiven und kriegstreibenden Politik der Bundesregierung. Dieses Gremium schreibt schon ganz unverhohlen fremden Regierungen – wie etwa der jugoslawischen – vor, was sie zu tun und zu lassen haben und droht im Weigerungsfalle mit militärischer Intervention – natürlich im NATO-Auftrag und zur ‚Sicherung oder Wiederherstellung des Friedens'..." [32] – Obwohl Gossweiler bezüglich seiner Ausführungen die neofaschistischen Organisationen NPD, DVU und „Republikaner" in der BRD im Auge hat, treffen diese Erklärungen fast zur Gänze auch auf die rechtsextreme österreichische FPÖ zu.

Welches Radikalisierungspotenzial in der FPÖ steckt, ist schwer einzuschätzen und bleibt abzuwarten – allerdings nicht tatenlos –, während feststehen dürfte, dass die gegenwärtigen neofaschistischen Kleingruppen nicht unmittelbar davor stehen, eine größere Anhängerschaft um sich zu scharen. Insofern kann man bezüglich der Einschätzung faschistischer Gefahren mit Gossweiler konstatieren: „Zusammenfassend bleibt festzustellen, dass für die Zukunft ein Erfolg der Bemühungen um Heranzüchtung einer faschistischen Massenbewegung noch nicht ausgeschlossen werden kann, dass jedoch gegenwärtig noch viel eher mit Versuchen gerechnet werden muss, den Faschismus auf dem chilenischen Wege, dem Wege eines heißen Militärputsches, zu errichten oder auf dem geräuschlosesten, ‚legalen' Wege der Umschaltung vom bestehenden parlamentarischen auf ein faschistoides oder faschistisches Regime, gestützt auf das vorsorglich bereitsgestellte Instrumentarium von Ausnahme- und Notstandsgesetzen und abgesichert durch die bewaffnete Staatsmacht.“ [33] Diese Einschätzung spielt für den Bereich des Antifaschismus eine bedeutende Rolle.

Gegenwärtige faschistische Gefahren und aktiver Antifaschismus

Im Jahr 2000 beantwortete Kurt Gossweiler in einem Interview, das für das Internationale Kommunistische Seminar in Brüssel geführt und aufgezeichnet wurde, die Frage „Was ist zu tun, um die Möglichkeit eines neuen Faschismus nicht Wirklichkeit werden zu lassen?“, folgendermaßen:

„Erstens: Wir müssen unsere Kraft und unseren Einfluss dafür einsetzen, dass jeder Angriff der Herrschenden auf die in langen Jahrzehnten errungenen demokratischen und sozialen Rechte auf eine möglichst breite und möglichst entschlossene Abwehr stößt.

Zweitens: Wir müssen immer wieder daran erinnern, was die Faschisten über ihr Volk und die ganze Menschheit gebracht haben. Die faschistischen Verbrechen dürfen nicht vergessen und nicht vergeben werden!

Drittens: Wir dürfen nicht müde werden, darüber aufzuklären, wessen Instrument der Faschismus war und nach wie vor ist.

Viertens: Wir müssen unermüdlich Klarheit darüber verbreiten, dass Antikommunismus Begünstigung des Faschismus bedeutet.

Fünftens: Wir müssen die Wahrheit zur Massenerkenntnis machen, dass, solange der Imperialismus herrscht, auch die Gefahr des Faschismus bestehen bleibt. Nur der Sozialismus kann der Menschheit eine Welt ohne Kriege und ohne Faschismus bringen.“ [34]

Folgende Stoßrichtungen des Antifaschismus ergeben sich daher:

1. Die Herstellung einer faschistischen Massenbewegung ist gegenwärtig zwar nicht ausgeschlossen, aber nicht allzu wahrscheinlich. Gegenwärtig führen neofaschistische Organisationen in der Regel ein Sektendasein, Erfolge „rechtsextremer“ Parteien sind aufgrund organisationsinterner Widersprüche oft zeitlich begrenzt. Um ein

Aufkommen neuer faschistischer Massenbewegungen zu verhindern, gilt es, jedem Versuch einer Faschismusapologie entgegenzutreten. Ein wichtiges Mittel im Kampf gegen ein Erstarken des Faschismus ist die Aufklärung der Massen über den Charakter des Faschismus. Es genügt jedoch nicht, nur den Charakter des Faschismus zu entlarven, sondern es muss auch ein Gegenangebot seitens der revolutionären ArbeiterInnenbewegung geben: dieses Gegenangebot kann eine antimonopolistische Bewegung sein, die sich nicht nur als Defensive gegen die Angriffe des Monopolkapitals (und des Faschismus) versteht, sondern auch als Offensive der Werktätigen in Stadt und Land gegen die herrschende Klasse, als Offensive, um die ökonomischen und sozialen Kräfteverhältnisse nachhaltig zugunsten der Werktätigen und zuungunsten des Monopolkapitals zu verändern.

2. Die immanente Faschisierung des Staatsapparates, die Möglichkeiten zur Errichtung der offenen autoritär-faschistischen Diktatur über einen Staatsstreich ermöglichen soll, ist eine sehr ernsthafte Gefahr. Diese Gefahr geht insbesondere von den reaktionärsten Kräften des Konservativismus aus, die mittels ihres Einflusses in bürgerlichen Großparteien eine entsprechende politische Entwicklung vorantreiben und hierbei mitunter von sozialdemokratischen Parteien (mehr oder weniger unwillkürlich) unterstützt werden. Möglich ist, dass diese Kräfte eine Form der Koalition mit neofaschistischen oder „rechtsextremen" Kräften suchen. Sarodow schreibt über diese Möglichkeit: „Die Kommunisten sind unversöhnliche Feinde des Faschismus. Sie kämpfen auch gegen jeden Rechtsruck der bürgerlichem Demokratie, weil das Unterdrückung der demokratischen Freiheiten der Werktätigen, Schmälerung der Rechte des Parlaments, Stärkung der Positionen der Reaktion und Zunahme der Repressalien gegen die revolutionäre Bewegung bedeutet. Gleichzeitig sind sich aber die Kommunisten über den gewaltigen politischen Unterschied klar, der zwischen einem Rechtsruck der bürgerlichen Demokratie und der Liquidierung der bürgerlichen Demokratie besteht. Es versteht sich von selbst, dass ein Rechtsruck der bürgerlichen Demokratie auf dem Boden des staatsmonopolistischen Kapitalismus die Tendenzen zur Faschisierung des bürgerlichen Staatswesens verstärkt, die Machtergreifung durch die Faschisten fördern kann." [35] – In dieser Hinsicht ist die Aufgabe des Antifaschismus der Kampf gegen den gegenwärtigen Prozess der Entdemokratisierung, gegen den Ausbau der Staatsgewalt, gegen die Militarisierung der Gesellschaft, gegen die Durchsetzung diverser öffentlicher Positionen mit

reaktionären Kräften. – Eine diesbezügliche Gegenbewegung wäre eine radikaldemokratische Bewegung, die nicht nur gegen die Entdemokratisierung kämpft, sondern offensiv für die Demokratisierung von Staat, Betrieben, Institutionen und nicht zuletzt der Armee.

3. Eine äußerst unmittelbare Gefahr der Gegenwart ist die mögliche Implementierung militärfaschistischer Diktaturen in den abhängigen Ländern mithilfe der aggressivsten imperialistischen Mächte. Luis Corvalán schrieb darüber – noch vor dem faschistischen Putsch in Chile 1973: „Der nordamerikanische Imperialismus greift zu Methoden der offenen und dreisten Intervention. Über ein ganzes System von Militärpakten und Missionen, von Zentren zur Ausbildung in der Partisanenbekämpfung, durch Aufstellung und Erweiterung von Sondereinheiten …, verwirklicht der nordamerikanische Imperialismus eine direkte bewaffnete Aggression gegen den Befreiungskampf der lateinamerikanischen Völker. USA-Präsident Johnson erklärte zynisch, er würde verhindern, dass irgendein anderes Land Kuba auf seinem Wege folge. Und zu diesem Zweck ist der Imperialismus zu allem bereit, ist er bereit, Tod und Verderben in den Städten und Dörfern zu säen und gegen das Völkerrecht zu verstoßen, wie das in der Schweinebucht und in Santo Domingo geschah, wie das in Vietnam geschieht. Bedroht sind also die Unabhängigkeit eines jeden lateinamerikanischen Landes und das Existenzrecht eines jeden lateinamerikanischen Volkes. Und es gibt keinen anderen Weg zur Rettung, in eine lichte Zukunft als den Kampf breitester Volksmassen des Kontinents gegen die Aggression und Intervention des nordamerikanischen Imperialismus.“ [36] – Den Bestrebungen der jeweiligen einheimischen Oligarchien, die mit dem US- oder EU-Imperialismus verbündet sind, nach gegenrevolutionären faschistischen Umstürzen ist eine antiimperialistische Volksfront entgegenzustellen. Die Aufgabe der Antifaschisten in den imperialistischen Staaten Europas und Nordamerikas ist es, maximale Solidarität mit den antiimperialistischen Bewegungen in den Ländern Lateinamerikas, Afrikas und Asiens zu üben. Diese Form der antiimperialistischen Solidarität ist eine Form des Antifaschismus. Sie bedarf einer starken Friedensbewegung, einer Bewegung gegen Aufrüstung und Militarismus in den imperialistischen Ländern, sie bedarf insbesondere eines kompromisslosen Eintretens für das Selbstbestimmungsrecht der abhängigen Nationen.

Faktum ist, dass der Faschismus nicht nur auf dem Boden des Kapitalismus entsteht, sondern dass er ein immanentes Entwicklungsresultat des staatsmonopolistischen Imperialismus ist. Der Faschismus ist nicht zuletzt ein Kind der krisenhaften kapitalistischen Entwicklung. Um dem Aufkommen des Faschismus auch sozial entgegenzuwirken, ist es daher notwendig, die Belastungen für die Arbeiterklasse und die Mittelschichten, die die Wirtschaftskrise mit sich bringt, durch Maßnahmen zu deren Gunsten in der Lohngestaltung, der Steuerpolitik und im Sozialwesen abzuwehren. Soll die Gefahr des Faschismus aber für immer und endgültig aus der Welt geschafft werden, so sind dafür die Überwindung des Imperialismus und Kapitalismus und der Übergang zum Sozialismus nötig.

Gossweiler erklärt dazu: „Da … der Faschismus eine, nämlich die brutalste Herrschaftsform des Finanzkapitals, also ein politisches Instrument des Imperialismus ist, richtet sich antifaschistischer Kampf objektiv immer auch gegen den Imperialismus, und bedeutet jeder Sieg über den Faschismus zugleich auch eine Schwächung der Positionen des Imperialismus. Insofern ist Antifaschismus in der Tat antiimperialistisch, unabhängig davon, ob dies allen Gegnern des Faschismus bewusst ist.“ [37] Alle oben genannten antifaschistischen Ansätze gegen die heutigen Gefahren des Faschismus richten sich daher unweigerlich gegen die Interessen der Monopole. Den Faschismus an der Wurzel auszurotten, verlangt letztlich, den Imperialismus zu besiegen. Dies ist die historische Aufgabe des Proletariats. Sie verlangt Klassenbewusstsein, eine revolutionäre Strategie und Taktik und auf dieser Basis die organisierte Kampfeinheit der Arbeiterklasse und ihrer Verbündeten. Diese werden schlussendlich unbesiegbar sein, denn Milliarden unterdrückter Menschen werden stärker sein als eine Handvoll unterdrückender Milliardäre.

In seinem Überlebenskampf wird der Imperialismus geradezu naturgemäß versuchen, sich aller Gewaltmittel zu bedienen, insbesondere abermals des Mittels des Faschismus. Ob er damit erfolgreich sein wird, hängt von der Entschlossenheit und Stärke der antifaschistischen Kräfte ab, deren Zentrum die einigen revolutionären Kräfte sein müssen. Somit ist eine Erfolgsfrage des Antiimperialismus wie des Antifaschismus und somit des Antikapitalismus im Allgemeinen letztlich eine Frage der Organisierung der arbeitenden Menschen.

Eine revolutionäre Organisierung verlangt eine integrale revolutionäre Theorie. Sie muss den Kampf für Demokratie und Frieden mit dem Kampf für eine sozialistische Gesellschaft verbinden. Wer die Aussage „Nie wieder Faschismus!“ ernst meint, wird um die Frage der Gesellschaftsformation früher oder später nicht herumkommen. Insofern bleibt es Aufgabe der fortgeschrittensten Kräfte, der revolutionären Kräfte in antifaschistischen Bündnissen und Bewegungen, die Notwendigkeit eines revolutionären Antiimperialismus und Antimonopolismus auch im Bewusstsein zu verankern. Schlussendlich ist die einzige Garantie, die Gefahr des Faschismus für immer aus der Welt zu schaffen, die Überwindung des Imperialismus selbst. Nur wenn diejenigen monopolkapitalistischen Kräfte, deren Instrument der Faschismus ist, umfassend entmachtet werden, so ist diese Gefahr gebannt. Zugespitzt steht die Menschheit immer wieder oder heute sogar permanent vor der Alternative: Sozialismus oder Barbarei – und die höchste Form der imperialistischen Barbarei bleibt der Faschismus.

Endnoten:

[1] Georgi Dimitroff, Die Offensive des Faschismus und die Aufgaben der Kommunistischen Internationale im Kampf für die Einheit der Arbeiterklasse gegen den Faschismus, in: Ausgewählte Werke in zwei Bänden, Frankfurt/Main 1972, Bd. 1, S. 105
[2] Dimitri Manuilski, Die kommunistischen Parteien und die Krise des Kapitalismus – Bericht vor dem XI. Plenum des EKKI, Hamburg 1931, S. 48
[3] Kurt Gossweiler, Ursprünge, Funktion und Erfolgsbedingungen faschistischer Bewegungen, in: Aufsätze zum Faschismus, Köln 1988, Bd. II, S. 515
[4] Kurt Gossweiler, Faschistische Bewegungen und faschistische Diktatur in Österreich, in: Aufsätze zum Faschismus, Köln 1988, Bd. II, S. 667 f.
[5] Vgl. Tibor Zenker, Was ist Faschismus? , Wien 2006, S. 94-96
[6] Kurt Gossweiler, Arbeiterklasse und Faschismus, in: Aufsätze zum Faschismus, Köln 1988, Bd. II, S. 465
[7] Kurt Gossweiler, Ursprünge, Funktion und Erfolgsbedingungen faschistischer Bewegungen, in: Aufsätze zum Faschismus, Köln 1988, Bd. II, S. 529
[8] Kurt Gossweiler, Arbeiterklasse und Faschismus, in: Aufsätze zum Faschismus, Köln 1988, Bd. II, S. 466

[9] Vgl. Tibor Zenker, Was ist Faschismus?, Wien 2006, S. 93
[10] Zitiert nach: Walther Hofer, Der Nationalsozialismus – Dokumente 1933-1945, Frankfurt/M. 1982, S. 29
[11] Karl Marx, Das Kapital, Erster Band, in: MEW 23, S. 82, Anm. 24
[12] Ernst Thälmann, Die Krise des Kapitalismus in Deutschland, die Erfahrungen und die neuen Methoden unserer revolutionären Massenarbeit, in: Ausgewählte Reden und Schriften, Frankfurt/M. 1976, Bd. 1, S. 231
[13] Georgi Dimitroff, Die Offensive des Faschismus und die Aufgaben der Kommunistischen Internationale im Kampf für die Einheit der Arbeiterklasse gegen den Faschismus, in: Ausgewählte Werke in zwei Bänden, Frankfurt/M. 1972, Bd. 1, S. 104
[14] Reinhard Kühnl, Faschismus – Antifaschismus, Theorien über den Faschismus, in: Jens Mecklenburg (Hg.), Handbuch des deutschen Rechtsextremismus, Berlin 1996, S. 50
[15] Kurt Gossweiler, Faschismus und antifaschistischer Kampf, in: Aufsätze zum Faschismus, Köln 1988, Bd. II, S. 545 f.
[16] Johann Koplenig, Rückblick und Ausblick, in: Reden und Aufsätze 1924-1950, Wien 1951, S. 4
[17] W. I. Lenin, Über eine Karikatur auf den Marxismus, in: LW 23, S. 34
[18] Kurt Gossweiler, Über Ursprünge und Spielarten des Faschismus, in: Aufsätze zum Faschismus, Köln 1988, Bd. II, S. 581 f.
[19] Ernst Thälmann, Volksrevolution über Deutschland, in: Ausgewählte Reden und Schriften in zwei Bänden, Frankfurt/M. 1977, Bd. 2, S. 55
[20] Alle Zitate nach: Parteiprogramm der Nationaldemokratischen Partei Deutschlands, www.npd.de/parteiprogramm
[21] Alle Zitate nach: NPD-Parteivorstand (Hg.), Bundestagswahlprogramm 09, Berlin 2009
[22] Vgl. Tibor Zenker, SS-Schulungstext im NVP-Parteiprogramm, www.kominform.at, 7.4.2009
[23] Alle Zitate nach: Parteiprogramm der Nationalen Volkspartei, www.nvp.at/programme/parteiprogramm.pdf
[24] Alle Zitate nach: Nationale Volkspartei, Soziales Schaffen, www.nvp.at/programme/soziales_schaffen.pdf
[25] K. I. Sarodow, Der gegenwärtige Faschismus und die Realität seiner Gefahr, in: Reinhard Kühnl (Hg.), Texte zur Faschismusdiskussion 1, Reinbek bei Hamburg 1974, S. 192
[26] Vgl. Parteiprogramm der FPÖ, www.fpoe.at

[27] Georgi Dimitroff, Die Offensive des Faschismus und die Aufgaben der Kommunistischen Internationale im Kampf für die Einheit der Arbeiterklasse gegen den Faschismus, in: Ausgewählte Werke in zwei Bänden, Frankfurt/M. 1972, Bd. 1, S. 109
[28] Georgi Dimitroff, Die Offensive des Faschismus und die Aufgaben der Kommunistischen Internationale im Kampf für die Einheit der Arbeiterklasse gegen den Faschismus, in: Ausgewählte Werke in zwei Bänden, Frankfurt/M. 1972, Bd. 1, S. 108
[29] Kurt Gossweiler, Faschismus und antifaschistischer Kampf, in: Aufsätze zum Faschismus, Köln 1988, Bd. II, S. 560
[30] Vgl. Tibor Zenker, Was ist Faschismus?, Wien 2006, S. 154
[31] Bundesamt für Verfassungsschutz und Terrorismusbekämpfung/Bundesministerium für Inneres (Hg.), Verfassungsschutzbericht 2009, Wien 2009, S. 32
[32] Kurt Gossweiler, Faschismus und herrschende Klasse gestern und heute, in: Mitteilungen der Kommunistischen Plattform der PDS, Heft 10/1998, S. 21 f.
[33] Kurt Gossweiler, Faschismus und antifaschistischer Kampf, in: Aufsätze zum Faschismus, Köln 1988, Bd. II, S. 548 f.
[34] Faschismus und antifaschistischer Kampf gestern und heute, Gespräch mit Kurt Gossweiler, 9. Internationales Kommunistisches Seminar, Brüssel, 2.-4. Mai 2000, www.kurt-gossweiler.de/artikel/faschafk.pdf
[35] K. I. Sarodow, Der gegenwärtige Faschismus und die Realität seiner Gefahr, in: Reinhard Kühnl (Hg.), Texte zur Faschismusdiskussion 1, Reinbek bei Hamburg 1974, S. 202
[36] Luis Corvalán, Das Bündnis der revolutionären antiimperialistischen Kräfte in Lateinamerika, in: Freiheit für Chile!, Frankfurt/M. 1973, S. 7 f.
[37] Kurt Gossweiler, Was ist Antifaschismus? Welche Bedeutung hat er heute?, in: Aufsätze zum Faschismus, Köln 1988, Bd. II, S. 657

Gedruckt veröffentlicht in: Neue Volksstimme, Wien, Ausgabe 3/2009.

Gegen Faschismus & Imperialismus! Für Demokratie & Sozialismus!

Flugblatt der Kommunistischen Initiative Österreich (KI) zur antifaschistischen Kundgebung in Braunau, 21. April 2007

Wenn sich neofaschistische und rechtsextreme Organisationen vermehrt in die Öffentlichkeit wagen, dann ist eines klar: alle antifaschistischen Kräfte sind gefordert, diesen entgegenzutreten. Antifaschismus bedeutet nicht nur den ideologischen, sondern auch den aktiven Kampf um den öffentlichen Raum: Veranstaltungen und Aufmärsche von Neonazis, Faschisten und Rechtsradikalen dürfen nicht ohne antifaschistische Gegenmobilisierung stattfinden, um deutlich zu machen, dass die Antifaschisten nicht bereit sind, dem Faschismus Raum zur Betätigung zu überlassen.

Antifaschismus bedeutet Kampf gegen neofaschistische und rechtsextreme Gruppen in Wort und Tat, wo und wie auch immer sie auftreten!

Warum aber trauen sich die Faschisten heute wieder öfter auf die Straßen, warum kommt es vermehrt zu faschistischer Gewalt?

Zunächst: Fällt der Faschismus vom Himmel? Nein! Die faschistische Diktatur als Herrschaftsform ist ein Herrschaftsmittel der ökonomischen Eliten in unserer Gesellschaft, d.h. des Großkapitals in Industrie und Banken sowie des Großgrundbesitzes; faschistische Gruppen und Organisationen sind – bewusst oder unbewusst für das Einzelmitglied – entsprechend Hilfstruppen der ökonomischen Eliten. Diese großkapitalistische Minderheit beutet die werktätige Mehrheit der Gesellschaft, die einfachen Menschen in Stadt und Land aus. Im Rahmen der Demokratie können sich die Ausgebeuteten dagegen wehren (wenn auch nur beschränkt), daher der Drang der ökonomischen Eliten zur direkten politischen Alleinherrschaft, zum Faschismus, und die Unterstützung faschistischer Organisationen. Der Faschismus ist seitens des Großkapitals Terrormittel und Unterdrückungsmechanismus gegen die werktätigen Menschen, die sich zur Wehr setzen könnten.

Das Großkapital ist heute in der ökonomischen Offensive gegen die Werktätigen, dafür stehen Sozialabbau, Rücknahmen von Arbeiterrechten, Ökonomisierung der Bildung, Verschlechterungen in den Bereichen Gesundheit und Pensionen etc. – dies alles nützt der großkapitalistischen Profitmaximierung. Diese ökonomische Offensive wird durch die politische Offensive ergänzt, das bedeutet Demokratieabbau, Militarisierung und verstärkte staatliche Repressionsmöglichkeiten im „offiziellen" Bereich, es bedeutet im politischen „Graubereich" die Förderung eines möglichen neuen Faschismus, quasi als Absicherung der Herrschaft des Großkapitals.

Antifaschismus bedeutet Kampf gegen Sozial- und Demokratieabbau! Antifaschismus bedeutet Kampf gegen Konzernmacht, großkapitalistische Ausbeutung und das Primat der Profitmacherei!

Das Großkapital ist auch im internationalen Rahmen in der Offensive, dies äußerst sich in der neuen Aggressivität des Imperialismus. Diese Aggressivität bedeutet Militarismus, Aufrüstung und Krieg, Okkupationen und Fremdherrschaft in allen Teilen der Welt. Auch in dieser Hinsicht ist das letzte Mittel des internationalen Großkapitals zur Niederhaltung emanzipatorischer Bestrebungen der Unterdrückten die faschistische Terrorherrschaft.

Antifaschismus bedeutet Kampf gegen Imperialismus und Krieg, für internationale antiimperialistische Solidarität und das Selbstbestimmungsrecht der Unterdrückten!

Der Faschismus fällt nicht vom Himmel – er entsteht auf dem Boden des Kapitalismus und direkt aus den Interessen des Großkapitals, des Imperialismus und Militarismus. Wer den Faschismus an der Wurzel packen und für immer aus der Welt schaffen will, muss diese Grundlagen beseitigen. Überall auf der Welt müssen die politischen und ökonomischen Machteliten, die durchwegs ein elementares Interesse am Faschismus haben, nachhaltig entmachtet werden. Wenn die werktätigen Menschen das Großkapital, den Großgrundbesitz und ihre militärischen und politischen Vertreter von der politischen und ökonomischen Macht verdrängen und eine wirkliche Demokratie, die alle gesellschaftlichen Bereiche umfasst, errichten können, wird auch die Gefahr des Faschismus für immer gebannt sein. Über den Sturz der Herrschaft des Großkapitals und des imperialistischen Weltsystems führt der Weg zu einer wirklich demokratischen und sozialen Gesellschaft, zu einer Welt des Friedens, der internationalen Freundschaft und Solidarität, zu einer Welt der Freiheit. Diese Welt ist eine sozialistische Welt.

Für eine Demokratie, die diesen Namen verdient!
Für die Entmachtung und Enteignung des Großkapitals!
Für den Sozialismus!

Als Flugblatt veröffentlicht am 21. April 2007.

Zwischen Rechtsextremismus und Neonazismus – die „Nationale Volkspartei“

Bereits im Frühjahr 2007 wurde die „Nationale Volkspartei“ (NVP) gegründet. Seit Herbst desselben Jahres ist sie offiziell als politische Partei beim österreichischen Innenministerium registriert. Zunächst nahm kaum jemand Notiz von der neuen rechtsextremen Splittergruppe, in der „alte Bekannte“ der Szene zu finden sind. Dies änderte sich im Jahr 2009, als zunächst zwei Kundgebungen der NVP amtlich untersagt wurden. Anfang April 2009 deckte die Onlinezeitung kominform.at auf, dass im Parteiprogramm der NVP wörtliche Passagen aus einem Schulungstext der NS-Terrororganisation SS („Schutzstaffel“) stehen; eine Anzeige beim Verfassungsschutz bzw. bei der Staatsanwaltschaft war anhängig. Zuletzt wurde der NVP – eben vor diesem Hintergrund – von der Landeswahlbehörde nach eingehender Prüfung das Antreten bei der oberösterreichischen Landtagswahl nicht gestattet, wobei es zur abermaligen Anzeige wegen Verdachts auf Verstoß gegen das NS-Verbotsgesetz kam.

Gegründet wurde die NVP von einem kleinen Personenkreis um den einschlägig bekannten Robert Faller, der schon mit einigen rechtsextremen Projekten aufgefallen – und jedesmal gescheitert war. Szeneintern ist Fallers Ansehen daher auch gering, was eine wesentliche Schwäche der NVP ausmacht. Namhafte Szenegrößen aus den Bereichen der früheren „Volkstreuen außerparlamentarischen Opposition“ (VAPO), der „Arbeitsgemeinschaft für demokratische Politik“ (AfP) und deren Vorfeldorganisation „Bund freier Jugend“ (BfJ) sowie die Betreiber der neuen neonazistischen Homepage „alpen-donau.info“, die allesamt merklich professioneller agieren als die NVP, halten wenig von der NVP, ihren Fähigkeiten und Perspektiven. Im rechtsextremen und neofaschistischen Spektrum wird die NVP kaum ernst genommen und ignoriert, wodurch sie organisatorisch etwas isoliert ist. Dadurch blieb auch die Mitgliedschaft der NVP äußerst überschaubar.

Trotzdem erhielt die NVP im Laufe des Jahres 2009 vermehrt öffentliche und mediale Aufmerksamkeit, was ihrer beständigen Gratwanderung am Rande des offenen Neonazismus geschuldet ist. Bereits zu Jahresbeginn hatte sich das Dokumentationsarchiv des österreichischen Widerstandes (DÖW) mit der NVP beschäftigt und war zu dem Schluss gekommen, die NVP sei zumindest *„eine offen rechts-*

extreme Partei mit zahlreichen Berührungspunkten zum Neonazismus". [1]

Auf Grundlage dieser Einschätzung sowie aufgrund eigener Prüfungen wurden seitens der Bezirkshauptmannschaft Braunau bzw. der Bundespolizeidirektion Linz zwei geplante Kundgebungen der NVP im Frühjahr 2009 verboten. Zunächst wollte die NVP, just zwei Tage vor dem 120. Geburtstag Adolf Hitlers, in dessen Geburtsort aufmarschieren. Vordergründig hätte es sich dabei auch um eine Gegenveranstaltung zur alljährlichen antifaschistischen Bündnisdemonstration, die seit einigen Jahren auf Initiative der Kommunistischen Jugend (KJÖ) in Braunau rund um den 20. April stattfindet, handeln sollen. Im Vorfeld des 1. Mai 2009, für den die NVP einen Aufmarsch in Linz geplant hatte, bildete sich bereits das antifaschistische Bündnis „Lichter gegen Rechts" [2], das am 30. April auch einen Demonstrationszug organisierte. Beide NVP-Kundgebungen fanden nicht statt.

In der Zwischenzeit war jedoch ein weiterer, äußerst gravierender Vorwurf gegen die NVP laut geworden. Am 7. April erschien in der Onlinezeitung kominform.at ein Artikel [3] über die Verwendung von wörtlichen Auszügen aus einem Schulungstext der nationalsozialistischen SS im Parteiprogramm der NVP, worüber seitens der Redaktion auch die NS-Meldestelle des Bundesamts für Verfassungsschutz informiert wurde. Die meisten wichtigen Medien Österreichs berichteten über die Story, die Staatsanwaltschaft Wien nahm Ermittlungen gegen die NVP auf.

Tatsächlich ist bei einem direkten Textvergleich [4] zwischen dem NVP-Parteiprogramm und einem „Lehrplan des SS-Hauptamts für die weltanschauliche Erziehung" aus dem Jahre 1944 über zehn Absätze und rund 3.000 Worte hinweg ein nahezu identischer Inhalt festzustellen – lediglich ein paar Einleitungssätze wurden durch die NVP geringfügig umformuliert. Es ist also eine erwiesene Tatsache, dass die NVP jenen Teil ihres Parteiprogramms, den sie selbst als ihre „weltanschauliche Grundlage" tituliert, so gut wie 1:1 bei der SS abgeschrieben hat. Somit bekennt sich die NVP zur selben Weltanschauung wie das SS-Hauptamt, wenngleich sie die SS als Quelle in „ihrem" Text – dem Inhalt nach freilich biologistisch-rassistischer Unsinn – unterschlägt und somit in der Form ein Plagiat liefert. Die „Weltanschauung" der SS aber entspricht jener der NSDAP. Eine politische und propagandistische Betätigung im Sinne dieser Ideologie ist in Österreich seit 1945 verboten.

Der bereits erwähnte Artikel auf kominform.at kommt daher auch folgerichtig zu dem Schluss: „*Wer in seinem Parteiprogramm wortwörtlich, und dies über einen ganzen Abschnitt lang, der ein Achtel des Gesamttextes ausmacht und als dessen ‚weltanschauliche Grundlage' ausgegeben wird, Schulungstexte des SS-Hauptamtes des ‚Dritten Reiches' wiedergibt, ist nicht mehr rechtsextrem, sondern offenbar mit der SS, der NSDAP, dem gesamten NS-Faschismus und dessen Ideologie auf Wellenlänge, somit neonazistisch. Da gibt es nichts mehr herumzureden und zu deuten – die Beweise liegen am Tisch. Als offenkundige Neonazi-Organisation gehört die NVP sofort aufgelöst und verboten, die Verantwortlichen gehören strafrechtlich belangt, wie es die österreichische Bundesverfassung vorsieht.*" [5]

Leider konnten sich die österreichischen Behörden bisher nicht dazu durchringen, diese logische Konsequenz anzuwenden, was doch einigermaßen unverständlich bleibt. Die erste Anzeige gegen die NVP wegen Verdachts auf Verstoß gegen das Verbotsgesetz, bereits im März 2009 von der KPÖ Oberösterreich eingebracht, wurde durch die Staatsanwaltschaft Wien bereits zurückgelegt, d.h. das Verfahren wurde eingestellt. Nun ist aber die oberösterreichische Landeswahlbehörde, die den Wahlvorschlag der NVP für die Landtagswahl Ende September 2009 zu prüfen hatte, zu dem Schluss gekommen, dass es aufgrund des Umfeldes der NVP durchaus den begründeten Verdacht gebe, dass ein Verstoß gegen § 3 des Verbotsgesetz vorliegen könnte. Daher wurde am 13. August 2009 nicht nur die NVP-Kandidatur nicht zugelassen, sondern wiederum Anzeige bei der Staatsanwaltschaft erstattet, wobei neue Recherchen eingeflossen sein sollen.

Die NVP soll und will offensichtlich nicht nur den rechtsextremen, sondern auch den neonazistischen Bereich abdecken. Sie versucht gerade in Zeiten der Wirtschaftskrise, mit einem völkischen Pseudosozialismus – ganz in der Tradition der (frühen) NSDAP – die KapitalismusverliererInnen und die arbeitenden Menschen im Allgemeinen anzusprechen und fehlzuleiten. Darauf zielt offenbar auch das NVP-Parteisymbol ab, in dem das Zahnrad der nationalsozialistischen „Deutschen Arbeitsfront" in abgewandelter Form für entsprechende Assoziationen sorgen soll.

Unterm Strich hat die NVP zweifellos Grenzen überschritten, die an die österreichische Demokratie die dringende Aufgabe stellen, ihrem antifaschistischen Auftrag mit einem Parteiverbot und einem Verfahren nach dem NS-Verbotsgesetz gerecht zu werden. Es bleibt zu hoffen, dass sich die staatlichen Behörden – nicht zuletzt die Wiener Staatsanwaltschaft – nun endlich engagierter und konsequenter des Falles annehmen.

Fußnoten:

[1] Dokumentationsarchiv des österreichischen Widerstandes, *Neues von ganz rechts – Jänner 2009: Nationale Volkspartei (NVP)*.
Internet:
doew.at/frames.php?/projekte/rechts/chronik/2009_01/nvp_2.html

[2] Siehe: www.lichtergegenrechts.at

[3] Zenker, Tibor: *SS-Schulungstext im NVP-Parteiprogramm*;
Internet: kominform.at/article.php/20090407162233449

[4] Eine Gegenüberstellung einiger Passagen eines *„Lehrplans für die weltanschauliche Erziehung in SS und Polizei"* und des Parteiprogramms der NVP ist im Internet zu finden unter:
www.reflex.at/~tibor.zenker/nvp-ss-programm.pdf

[5] Zenker, Tibor: *SS-Schulungstext im NVP-Parteiprogramm*;
Internet: kominform.at/article.php/20090407162233449

Gedruckt veröffentlicht in der Zeitung „Gedenkdienst", Wien, Ausgabe 2/2009.

Österreichs Kommunisten im Kampf gegen den Faschismus 1933-1945

Auszug aus: „90 Jahre kommunistische Bewegung in Österreich", Erklärung der Kommunistischen Initiative, Wien, im November 2008

Im Jahr 1924 stellte die Kommunistische Internationale der KPÖ den bulgarischen Kommunisten Georgi Dimitroff zur Seite, um die Partei auf marxistisch-leninistischer Grundlage zu reorganisieren. Der 1920 aus Russland zurückgekehrte Johann Koplenig wurde leitender Sekretär der KPÖ – und sollte bis 1965 an der Spitze der Partei bleiben. Tatsächlich gelang es bis 1927, die Linie, die Positionen und die Strukturen der KPÖ soweit zu klären, dass man in weiterer Folge von einer marxistisch-leninistischen Partei, einer Partei neuen Typs sprechen konnte. Diese „Bolschewisierung" der KPÖ ermöglichte es ihr, gerade rechtzeitig für die kommenden Auseinandersetzungen ideologisch und organisatorisch gewappnet zu sein. Die KPÖ reihte sich damit in die einheitliche internationale revolutionäre Kampffront der kommunistischen und Arbeiterparteien ein, welche in den kommenden Jahren den Kampf gegen den aufkommenden Faschismus, für Frieden und das Selbstbestimmungsrecht der Nationen maßgeblich zu führen verstand. So waren es auch in Österreich die Kommunisten, die in den folgenden beiden Jahrzehnten die Hauptlast des antifaschistischen Kampfes und des Kampfes um die nationale Souveränität trugen.

Der Kampf gegen den aufkommenden Faschismus

Mit der Etablierung faschistischer Regime in Italien und Ungarn, mit dem Erstarken der NSDAP in Deutschland, aber auch der Heimwehrbewegung in Österreich sowie Faschisierungstendenzen in „christlichsozialen" Regierungen rückte der Kampf gegen den Faschismus immer mehr in den Mittelpunkt der österreichischen Kommunisten. Die KPÖ hatte in den frühen Jahren ihrer Auseinandersetzung mit dem Faschismus zwar zunächst die eine oder andere Fehleinschätzung oder theoretische Schwäche zu verantworten, letztlich waren die österreichischen Kommunisten jedoch die konsequenteste antifaschistische Kraft im Land. Die Führung der SDAPÖ und ihres Republikanischen Schutzbundes nahm gegenüber den faschistischen Bewegungen und der zunehmend autoritären christlichsozialen Regierung bis zum bitteren Ende eine defensive und kompromissbereite, ja geradezu kapitulantenhafte Position ein, während sie jedes Angebot der KPÖ zur Einheitsfront von Sozialdemokraten und Kommunisten ablehnte. Selbst nach der Ausschaltung des Nationalrats durch die Regierung Dollfuß orientierte die SDAPÖ weiter auf eine „Verhandlungslösung".

Als am 12. Februar 1934 revolutionäre Teile der Basis des sozialdemokratischen Schutzbundes den Aufstand gegen das autoritäre Dollfuß-Regime begannen, wurden diese von der SDAPÖ-Führung im Stich gelassen, mancherorts übten sozialdemokratische Funktionäre gar offenen Verrat, während die österreichischen Kommunisten, obwohl bereits zuvor aus dem Schutzbund ausgeschlossen, den Aufstand bedingungslos unterstützten. Doch die Niederlage der Arbeiterbewegung in den Februarkämpfen war unausweichlich, wofür die sozialdemokratische Politik der vorherigen Jahre, aber auch die falsche Struktur, Strategie und die mangelnde bis fehlende Bewaffnung des Schutzbundes gesorgt hatten. Die Folge war, dass in Österreich die offene faschistische Diktatur errichtet werden konnte.

Nun wurden auch alle sozialdemokratischen Organisationen verboten, nachdem der KJV 1931 und die KPÖ bereits seit 1933 illegal arbeiten mussten. Im antifaschistischen Widerstand wurde die KPÖ in weiterer Folge zu seiner Hauptkraft, zumal viele ehemalige Sozialdemokraten, enttäuscht über das Versagen der SDAPÖ-Führung, sich nun ihr zugewandt hatten. So wurde die KPÖ unter den schwierigen Bedingungen der Illegalität in den Jahren der austrofaschistischen Diktatur 1934-1938 erstmals zu einer Partei mit Masseneinfluss in der Arbeiterklasse. Neben der KPÖ organisierten sich im antifaschistischen Widerstand die Revolutionären Sozialisten.

Die kommunistische Bewegung und die österreichische Nation

Spätestens ab 1936 war Österreich zum Kampfplatz zweier konkurrierender Faschismen geworden, nämlich des Austrofaschismus, der auf die Erhaltung eines eigenständigen österreichischen Staates orientierte, und des österreichischen Ablegers des deutschen Nationalsozialismus, der den Anschluss Österreichs an das Dritte Reich wollte. Immer deutlicher zeigte sich, dass das austrofaschistische Regime den deutsch-faschistischen Annexionsbestrebungen wenig entgegenzusetzen hatte, zumal die Austrofaschisten Österreich selbst als „deutschen Staat" und die Österreicher als Teil des deutschen Volkes definierten. Dies tat auch die österreichische Sozialdemokratie, die zwar den konkreten Anschluss an Hitler-Deutschland ablehnte, wohl aber den Anschluss an ein bürgerlich-demokratisches Deutschland propagierte. In der KPÖ wurde nun die Frage aufgeworfen, ob der Kampf gegen die deutsch-faschistischen Annexionsbestrebungen lediglich ein antifaschistischer Kampf sei – oder auch ein nationaler Freiheitskampf. Die dahinter stehende Frage lautete daher, ob die Österreicher eine eigenständige Nation seien – oder eben Deutsche. Von der KPÖ wurde Alfred Klahr mit der theoretischen Ausarbeitung dieser Frage beauftragt. Klahr kam zu dem Ergebnis, dass die Österreicher seit den einschneidenden Jahren 1848, 1866, 1870/71 und 1918 einen eigenständigen, von der deutschen Nation unabhängigen Weg genommen hatten, dass sich eine eigenständige österreichische Nation seither in Entwicklung befand. Diese Anschauungen der Kommunisten über die Herausbildung einer eigenständigen österreichischen Nation wurden sowohl von den Austrofaschisten als auch von den Sozialdemokraten abgelehnt.

So war es lediglich die KPÖ, die bis zur Annexion Österreichs durch Deutschland 1938 und in den Jahren der Nazi-Diktatur und des Zweiten Weltkrieges 1938-1945 den Widerstand gegen den Nationalsozialismus auch als einen Kampf um nationale Unabhängigkeit und Souveränität verstand. Aus diesen Gründen ist und bleibt es hauptsächlich das Verdienst der österreichischen Kommunisten, dass im April 1945 Österreich als unabhängiger und selbständiger Staat wiedererstehen konnte, wie es die Mächte der Anti-Hitler-Koalition in der Moskauer Deklaration von 1943 aufgrund des Einflusses der UdSSR bereits in Aussicht gestellt hatten.

Der antifaschistische und nationale Freiheitskampf

Die Klärung der nationalen Frage in Österreich durch die KPÖ war der eine wichtige Bestandteil des antifaschistischen Kampfes der Kommunisten. Den anderen bildeten jene umfassende Faschismusanalyse und die darauf aufbauende antifaschistische Strategie, die auf dem 7. Weltkongress der Komintern 1935 erarbeitet worden waren. Unter maßgeblicher Beteiligung Georgi Dimitroffs analysierte die Konferenz den Faschismus an der Macht als die offene, terroristische Diktatur jener Teile des Finanzkapitals (unter Einschluss des Großgrundbesitzes), deren Ausrichtung zum gegebenen Zeitpunkt und im gegebenen Land besonders reaktionär und antidemokratisch, besonders chauvinistisch und aggressiv war. Damit war der spezifische Klassencharakter des Faschismus als monopolkapitalistisch erkannt, seine antisozialistische und antikommunistische Hauptstoßrichtung wurde begründet, aber auch seine weiteren Ziele, Funktionen und Methoden wurden untersucht. Als Schlussfolgerung orientierte die Komintern daher auf die Schaffung antifaschistischer Volksfrontbewegungen, die alle nichtmonopolistischen Kräfte sammeln sollten, die objektiv im Gegensatz zum Faschismus standen. Den Kern eines solchen Volksfrontbündnisses sollte die proletarische Einheitsfront der Sozialdemokraten, Sozialisten und Kommunisten bilden. Die KPÖ unterstützte die Auffassungen der Komintern, jedoch waren die Bemühungen der KPÖ um die Einheitsfront und Volksfront in Österreich insgesamt betrachtet von wenig Erfolg gekrönt, sodass die Hauptlast des antifaschistischen Widerstandes in Österreich, in der Illegalität, im Untergrund, im Partisanenkampf, weiterhin und bis 1945 bei den österreichischen Kommunisten lag.

Andernorts kam es zur Umsetzung der Volksfrontstrategie, so etwa im Spanischen Bürgerkrieg 1936-1939, in dessen Rahmen auch viele österreichische Antifaschisten als Interbrigadisten die republikanischen Kräfte mit der Waffe in der Hand unterstützten, wenngleich letzten Endes die Übermacht des faschistischen Bündnisses zwischen Franco, Hitler und Mussolini siegte.

Im Zweiten Weltkrieg gesamt war es in den meisten Staaten Europas vor allem das Verdienst der Roten Armee der Sowjetunion, dass den deutschen Faschisten das Handwerk gelegt wurde. Die Rote Armee konnte die zuvor scheinbar unbezwingbare deutsche Wehrmacht und ihre Verbündeten nicht nur erstmals aufhalten, sondern auch zurückschlagen, aus der UdSSR vertreiben und bis nach Berlin verfolgen und vernichtend besiegen. So wurde ein Großteil Europas (und auch Österreichs) von der sowjetischen Armee vom Faschismus befreit. Im international gesehen geringen, auf den österreichischen Widerstand bezogen aber äußerst relevanten Ausmaß hatten die österreichischen Kommunisten für den eigenen Beitrag der Österreicher zu ihrer Befreiung gesorgt. Das zentrale Anliegen der illegalen KPÖ in ihrer Tätigkeit waren zunächst die Aufklärung der Menschen über den Charakter der NS-Herrschaft und die Propagierung des Volkswiderstandes – dies geschah über Flugblätter und vorsichtig geführte Gespräche in den Betrieben.

Darüber hinaus bedeutete Widerstand natürlich die Aufrechterhaltung des organisatorischen Zusammenhalts, über konspirativen Informationsaustausch, über Kontakte zwischen den und Versorgung der Widerstandsgruppen, über die Weitergabe von Instruktionen, aber nicht zuletzt auch über die solidarische, materielle Unterstützung der Familien von ermordeten oder verhafteten Genossen. All dies war die Grundlage für den militärischen Widerstand. Im bewaffneten Kampf, geschah dies zunächst durch slowenische Partisanengruppen in Kärnten, in der Obersteiermark durch die Partisanengruppe um Max Muchitsch und Sepp Filz, später im Salzkammergut. Gegen Kriegsende bildeten sich im Rahmen der jugoslawischen Partisanenarmee österreichische Freiheitsbataillone und Österreicher bildeten den Kern der Kampfgruppe Steiermark (Koralmpartisanen). Als militärischer Widerstand sind aber auch jene Aktivitäten zu verstehen, welche die Kriegsführung der deutschen Wehrmacht behindern sollten. Dies geschah über Sabotage in Rüstungsbetrieben, über Versuche, die vor allem Frauen unternahmen, deutsche Besatzungssoldaten zur Desertion anzustiften oder aber diesen für den Widerstand relevante Information zu entlocken.

Nicht zuletzt ist es ein Verdienst von Wiener Jungkommunisten aus Ottakring und Hernals, des so genannten KJV 44, während der Befreiungskämpfe um Wien im Westen der Stadt Wehrmachtssoldaten zur Kapitulation und zur Übergabe von Waffen und Munition bewegt zu haben – ausgestattet mit diesen Waffen konnte auch die SS partiell entwaffnet werden und wurden Teile der Wiener Westbezirke ohne Kampf, Opfer und weitere Zerstörungen an die Rote Armee übergeben.

Die gesamte Periode des antifaschistischen Widerstandes 1933/34-1945 war wohl die bedeutendste in der Geschichte der KPÖ. Die KPÖ hat in politischer Theorie und Praxis wichtige Grundlagen dafür geschaffen, dass die faschistische Herrschaft zerschlagen wurde und ein demokratisches und unabhängiges Österreich 1945 wiederhergestellt werden konnte. Dafür kämpften österreichische Kommunisten nicht nur im eigenen Land, sondern auch in zahlreichen Ländern, in die Tausende Genossen emigrieren mussten.

Die österreichischen Kommunisten haben im antifaschistischen und nationalen Freiheitskampf nicht nur den größten Einsatz aller politischen Kräfte gezeigt, sondern hatten dementsprechend auch die meisten Opfer zu beklagen. Mehr als 2200 österreichische Kommunisten, die in unterschiedlichen Formen im antifaschistischen Widerstand aktiv waren, wurden durch den faschistischen Herrschaftsapparat ermordet, darunter zwölf Mitglieder des Zentralkomitees der KPÖ, Tausende weitere wurden verhaftet, verschleppt und misshandelt.

Als Broschüre veröffentlicht im November 2008; gedruckt veröffentlicht in: offen-siv – Zeitschrift für Sozialismus und Frieden, Hannover, Ausgabe 10/2008 (November/Dezember 2008); im Internet veröffentlich auf www.kommunisten.at am 10. November 2008 (jeweils gesamter Text: „90 Jahre kommunistische Bewegung in Österreich“).

75 Jahre Februarkämpfe

Erklärung der Kommunistischen Initiative Österreich, Wien, im Februar 2009

Am 12. Februar 1934 kam es in Österreich zum Aufstand revolutionärer Teile des Republikanischen Schutzbundes und der Arbeiterbewegung gegen das autoritäre Regime unter Engelbert Dollfuß. Es war dies der Versuch, dem Faschisierungsprozess Einhalt zu gebieten, der sich seit März 1933 in aller Deutlichkeit manifestiert, aber schon zuvor abgezeichnet hatte.

Die Orientierung entscheidender Teile des österreichischen Großkapitals und Großgrundbesitzes auf die Errichtung einer faschistischen Diktatur nach italienischem Vorbild hatte historische Grundlagen. Im Herbst 1918 war die bürgerlich-parlamentarische Republik der Großbourgeoisie bloß aufgezwungen. Sie konnte sich damals glücklich schätzen, dass sie das gegenrevolutionäre und reformistische Vorgehen der Führung der Sozialdemokratischen Arbeiterpartei (SDAPÖ) vor der sozialistischen Revolution, die die Arbeiterschaft forderte, gerettet hatte. Der Drang zur autoritären Alleinherrschaft, zur Reaktion und Gewalt, der im imperialistischen Stadium des Kapitalismus das Großkapital grundsätzlich auszeichnet, blieb jedoch bestehen. Dieser Drang brachte mit dem Eintritt des Kapitalismus ins Stadium seiner allgemeinen Krise den Faschismus als Krisenstrategie hervor, in Bewegungsform und als Herrschaftsform. Indem die Sozialdemokratie es den bürgerlichen Parteien und ihren paramilitärischen Vorfeldorganisationen ermöglichte, aus der Defensive wieder in die Offensive sowie an die Regierung zu gelangen, konnte diese Strategie schlagend werden.

Die Etablierung der Heimwehrbewegung als offen faschistische Bewegung korrelierte mit einer als gegenreformistisch begonnenen, in den schleichenden Faschisierungsprozess übergehenden Politik der christlichsozialen Regierungen im Laufe der 1920er Jahre. Mit diesem Instrumentarium – faschistischen Terrorgruppierungen einerseits, dem von der Sozialdemokratie unangetasteten und fälschlich als klassenneutral eingeschätzten Gewaltapparates des bürgerlichen Staates andererseits – ging das Großkapital zum Angriff über. Unterstützt wurde dieser Prozess im Inneren durch die katholische Kirche, von Außen durch die faschistischen Regierungen in Italien und Ungarn.

Das Ziel des genuinen österreichischen Faschismus, des Austrofaschismus in Heimwehrbewegung und Teilen der Christlichsozialen Partei (CSP), bestand in der Vernichtung der Arbeiterbewegung, der Ausschaltung der Demokratie und der Errichtung einer faschistischen Diktatur. Wie ernst es den reaktionärsten Kräften der österreichischen Bourgeoisie damit war, zeigte spätestens die blutige Niederschlagung der Julirevolte 1927. In ideologisch-programmatischer Hinsicht nahm sich die Heimwehrbewegung 1930 mit ihrem „Korneuburger Eid“ bereits kein Blatt mehr vor den Mund. Und so nützte der christlichsoziale Bundeskanzler Dollfuß im März 1933 ein Geschäftsordnungsproblem im Nationalrat dazu, um das Parlament auszuschalten und zu einer Regierungsgesetzgebung überzugehen. Zunächst wurden einige grundlegende politische Rechte eingeschränkt, Schutzbund und KPÖ wurden verboten. In seiner programmatischen Rede am Wiener Trabrennplatz im September 1933 formulierte Dollfuß sodann das Ziel der Errichtung eines „sozialen, christlichen, deutschen Staates Österreich auf ständischer Grundlage und starker autoritärer Führung“. Die neu gegründete „Vaterländische Front“ sollte zur faschistischen Einheitspartei aufgebaut werden.

Während in den bewussten und revolutionären Teilen der österreichischen Arbeiterbewegung, unter Kommunisten, Sozialisten und Sozialdemokraten, aktiver Widerstand gegen den Faschismus gefordert wurde, wiegelte die SDAPÖ-Führung weiter ab. Sie setzte bis zuletzt auf eine Verhandlungslösung mit denen, die längst die Errichtung der faschistischen Diktatur nicht nur beschlossen hatten, sondern sogar schon an der Umsetzung arbeiteten. Diese Kapitulationspolitik der sozialdemokratischen Führung kam nicht von irgendwo, sie war die logische und innerlich folgerichtige Fortführung der gegenrevolutionären Politik am Ende des Ersten Weltkrieges, der reformistischen Politik in den ersten Nachkriegsjahren und des ständigen Zurückweichens in den darauffolgenden Jahren. Alle scheinradikale Phraseologie, derer sich die führenden Ideologen des sozialdemokratischen „Austromarxismus“ bedienten, war lediglich Ablenkung und Irreführung der Arbeiterklasse. In Wirklichkeit begünstigte die „Strategie“ der SDAPÖ, wie sie auch im „Linzer Programm“ 1926 festgelegt wurde, den aufkommenden Faschismus. Der Weg des „Austromarxismus“ konnte nicht nur niemals zum Sozialismus führen, wie führende „austromarxistische“ Theoretiker predigten, sondern mündete in aller Folgerichtigkeit in der Niederlage der Arbeiterbewegung und der Errichtung der faschistischen Diktatur.

So musste der antifaschistische Widerstand von unten organisiert werden. Als der Aufstand am 12. Februar zunächst in Linz begonnen wurde, geschah dies mit ausdrücklicher Missbilligung der SDAPÖ-Führung. Es waren vor allem einfache Mitglieder des Schutzbundes, der SDAPÖ und ihrer Vorfeldorganisationen, die zum bewaffneten Widerstand bereit waren. Während die SDAPÖ-Führung die Februarkämpfer im Stich ließ und mancherorts sozialdemokratische Funktionäre sogar offenen Verrat betrieben, stellten sich die österreichischen Kommunisten bedingungslos hinter den Aufstand und schlossen sich ihm an. Eine entscheidende Wende konnten sie den Kämpfen freilich nicht geben, zu schwach waren die Kräfte der KPÖ damals entwickelt. Die Niederlage der kämpfenden Arbeiter im Februaraufstand war so gut wie unausweichlich, dafür hatten die sozialdemokratische Politik der vorherigen Jahre sowie die falsche Struktur, Strategie und die mangelnde bis fehlende Bewaffnung des Schutzbundes gesorgt. Als Ergebnis der Niederlage wurden nun auch alle sozialdemokratischen Organisationen verboten, mit 1. Mai 1934 wurde formell der österreichische „Ständestaat“, die offene austrofaschistische Diktatur geschaffen.

Im antifaschistischen Widerstand wurden in den folgenden Jahren vor allem die österreichischen Kommunisten aktiv. Durch das offensichtliche Versagen der SDAPÖ-Führung schlossen sich in diesen Jahren auch viele ehemalige Sozialdemokraten der KPÖ an, wodurch die kommunistische Bewegung Österreichs ausgerechnet unter den schwierigsten Bedingungen der Illegalität erstmals zu einer politischen Kraft mit Masseneinfluss wurde. Neben den Kommunisten bildete sich im antifaschistischen Widerstand die Gruppierung der „Revolutionären Sozialisten“, die sich zunächst in Abgrenzung zur alten Sozialdemokratie sahen, 1945 aber wieder in ihr aufgingen.

Doch dem austrofaschistischen Regime wurde nicht durch den antifaschistischen Widerstand der Kommunisten und Sozialisten sein Ende bereitet, sondern durch einen Konkurrenzfaschismus, durch den Nationalsozialismus. Einerseits war das deutsche NS-Regime aus politischen, wirtschaftlichen und militärstrategischen Gründen bestrebt, Österreich seinem Herrschaftsgebiet einzuverleiben, weshalb die österreichische Filiale der NSDAP entsprechend unterstützt und die austrofaschistische Regierung unter Druck gesetzt wurde. Andererseits gab es auch innerhalb der österreichischen Bourgeoisie eine wachsende pronationalsozialistische Fraktion, die ihre imperialistischen Interessen durch den deutsch-faschistischen Imperialismus besser vertreten sah als durch den außenpolitisch relativ schwachen austrofaschistischen Staat. Im März 1938 kam es folgerichtig zum Einmarsch der deutschen Wehrmacht in Österreich und gleichzeitig zur vorläufigen Machtergreifung österreichischer Nationalsozialisten. Es folgten die Annexion des Landes durch Deutschland und sechs Jahre deutsch-faschistischer Fremdherrschaft durch das NS-Regime.

Es waren die vorangegangenen Jahre, die Hitler den Weg nach Österreich bereitet hatten. Durch die Zerschlagung der österreichischen Arbeiterbewegung durch den Austrofaschismus war einerseits die potenziell stärkste Kraft im Kampf gegen den Nationalsozialismus ausgeschaltet worden, ebenso wenig konnte seitens des Regimes nach vier Jahren austrofaschistischer Diktatur zur Verteidigung einer demokratischen Ordnung mobilisiert werden. Andererseits hatten sowohl die Austrofaschisten als auch die Sozialdemokratie durch ihre falsche deutschnationale Position in der nationalen Frage, wonach die Österreicher Deutsche und Österreich ein deutsches Land seien, ideologisch dafür gesorgt, dass die deutsche Annexion propagandistisch massiv erleichtert wurde. Lediglich die österreichischen Kommunisten lehnten damals und schon in den Jahren zuvor diese Sichtweise ab und bekannten sich zur eigenständigen österreichischen Nation, wobei sie durch die deutschen Kommunisten, die Kommunistische Internationale und die UdSSR unterstützt wurden. So waren es auch abermals vor allem die Kommunisten, die unter dem neuen faschistischen Regime den Widerstand fortsetzten, nicht nur als antifaschistischen Kampf, sondern auch als nationalen Freiheitskampf. Dass die österreichische Souveränität, staatliche Selbständigkeit und Demokratie nach dem Zweiten Weltkrieg wiederhergestellt werden konnten, war im internationalen Maßstab politisch wesentlich das Verdienst der UdSSR und militärisch jenes ihrer Roten Armee. Im innerösterreichischen Maßstab bleibt es hauptsächlich das Verdienst der Kommunisten, für den österreichischen Beitrag zum Kampf gegen den Nationalsozialismus und für die Freiheit Österreichs gesorgt zu haben.

Möchte man nach 75 Jahren die Bedeutung der Februarkämpfe von 1934 erfassen, so sind Vorgeschichte und Folgen mit einzubeziehen.

Zunächst ist aber festzuhalten, dass die Mär von der „geteilten Schuld“ abzulehnen ist. Es ist klar und deutlich die Schuld der reaktionären Kräfte im christlichsozialen Lager und in der Heimwehrbewegung, die Demokratie beseitigt und den Bürgerkrieg herbeigeführt zu haben. Sie haben 1934 eine faschistische Diktatur in Österreich errichtet. So markiert der Februar 1934 die äußerste Zuspitzung des Klassenkampfes, in Form bewaffneter Auseinandersetzungen. Der bewaffnete Widerstand von Teilen der Arbeiterklasse war richtig und notwendig und das einzige, was zu kritisieren ist, sind die Tatsachen, dass dieser Kampf zu spät, schlecht organisiert und strukturiert sowie strategisch falsch geführt wurde bzw. werden musste; denn dass die kämpfenden Arbeiter derartige Ausgangsbedingungen vorfanden, hat die Führung der SDAPÖ zu verantworten. Es ist daher nicht verwunderlich, dass die heutige SPÖ-Führung abermals einen klassenneutralisierten Standpunkt einnimmt, von einer allgemeinen menschlichen „Katastrophe“ spricht, für die Arbeiterklasse und Bourgeoisie gleichermaßen verantwortlich seien. Hier trifft sich die SPÖ-Führung mit der ÖVP, der Nachfolgepartei der CSP, in einer gemeinsamen sozialpartnerschaftlichen Geschichtsfälschung.

Möchte man den konkreten Grund für diese Herangehens- und Betrachtungsweise der SPÖ erfassen, so liegt er tatsächlich in der „sozialpartnerschaftlichen Klassenharmonie“. Die endgültige Preisgabe des Klassenkampfes, den man in der Ersten Republik zumindest noch in Worten erwähnte, und des Klassenstandpunktes seitens der SPÖ, nicht zuletzt in der Geschichtsbetrachtung, bildete die Grundlage der Zweiten Republik, in der sich SPÖ und ÖVP geschwisterlich die Macht teilen sollten und wollten. Die SPÖ erhielt auf diese Weise weitgehend gleichmäßig Zugang zur politischen Macht und zu Staatsfunktionen und wurde integraler Bestandteil des staatsmonopolistischen Systems in Österreich – die SPÖ-Führung war bereit, hierfür die Interessen der Arbeiterklasse regelrecht zu verkaufen; die ÖVP (und damit die Bourgeoisie) erhielt im Gegenzug eine von der SPÖ- und ÖGB-Führung gegängelte Arbeiterklasse, die sich mit dem Kapitalismus abfinden und keinen Gedanken mehr an Klassenkampf, Revolution und Sozialismus verschwenden sollte. Ideologisch bedeutete dies, dass die SPÖ-Führung das gesamte Arsenal der alten CSP und neuen ÖVP übernahm: Antimarxismus, Antisowjetismus und Antikommunismus, während der Antifaschismus kaum noch eine Rolle spielen sollte; die Illusion der „sozialen Marktwirtschaft", die das Ziel des Sozialismus ersetzen sollte; die Sozialpartnerschaft, die den Klassenkampf, selbst auf niedrigstem Level, ersetzte. Dies ist der Inhalt des sozialdemokratisch-konservativen Konsenses, der die politische und ökonomische Herrschaftsgrundlage der Zweiten Republik und die Unantastbarkeit des Kapitalismus bedeuteten sollte. Und als in den 1980er Jahren auch in Österreich die „neoliberale" Wende eingeläutet wurde, machte die SPÖ-Führung diese kapitalistische Offensive bereitwillig mit und setzte sie sogar selbst in Regierungsverantwortung um und gegen die Interessen der Arbeiterklasse durch.

Die Februarkämpfe von 1934 sind nicht klassenneutral, sondern natürlich vom proletarischen Klassenstandpunkt aus zu betrachten. Sie waren der mutige, aber auch bereits verzweifelte Versuch, die tatsächliche Katastrophe, den Faschismus, abzuwenden. So haben die Februarkämpfer die Ehre der österreichischen Arbeiterklasse, die von der SDAPÖ-Führung preisgegeben wurde, gerettet, auch wenn die Kämpfe mit einer Niederlage endeten.

Demgemäß liegen Lehren für die antifaschistische Bewegung im Allgemeinen, für die revolutionäre Arbeiterbewegung im Besonderen vor.

Für die Arbeiterbewegung rächte es sich 1934 und danach, dass 1918 nicht Schluss gemacht wurde mit dem bürgerlichen Staat und dem Kapitalismus. Es gelang der SDAPÖ-Führung, mittels eines gewissen Verbalradikalismus eine scheinbare Einheit der Arbeiterklasse zu erhalten und deren revolutionäre Teile, so etwa in der KPÖ, weitgehend isoliert zu halten. Indem dies aber die Einheit mit dem Opportunismus und Revisionismus der SDAPÖ-Führung bedeutete, bedeutete dies auch deren Vorherrschaft in der Arbeiterbewegung. Die Folgen der falschen opportunistischen Politik und revisionistischen Theorie und Strategie waren fatal. So besteht eine Lehre der Februarkämpfe – oder vielmehr der Jahre 1918-1934 – darin, dass die organisatorische Trennung der revolutionären marxistischen Teile der Arbeiterbewegung vom Opportunismus und Revisionismus höchst notwendig ist. Die Arbeiterklasse benötigt, in der Defensive wie in der Offensive, eine kampffähige Klassenpartei, die auf dem Boden des revolutionären Marxismus steht. Dies wird durch die

Entwicklung der SPÖ seit 1945 nochmals bestätigt, die nach dem Zweiten Weltkrieg jede sozialistische Perspektive aufgegeben hat.

Heute ist die SPÖ zu einer Partei verkommen, die hauptsächlich die Interessen des österreichischen und europäischen Monopolkapitals vertritt. Aber auch der ab Mitte der 1950er Jahre gegebene Einfluss des Revisionismus in der kommunistischen Weltbewegung, der maßgeblich zum Ende der UdSSR und der sozialistischen Staaten in Europa beitrug, unterstreicht diese Notwendigkeit. In Österreich braucht es eine marxistisch-leninistische Partei, die auch die heutige KPÖ, die über eine ehrenvolle Geschichte verfügt, längst nicht mehr darstellt. Nur eine solche Partei wird erfolgreich dafür arbeiten, wirken und kämpfen können, den Kapitalismus mitsamt seinen imperialistischen und faschistischen Ausprägungen zu überwinden und den Sozialismus aufzubauen.

Für die antifaschistische Bewegung sind mehrere Lehren zu ziehen. Bei aller ideologischen Differenz in Bezug auf die Auslegung des Marxismus und bei aller strategischen Differenz in Bezug auf den Sozialismus muss in der Zeit der antifaschistischen Defensive die Arbeiterbewegung zur konkreten antifaschistischen Aktionseinheit zusammenfinden. Erkennen die Kommunisten, Sozialisten und Sozialdemokraten nicht, dass in dieser Zeit der gemeinsame Hauptfeind die faschistische Bedrohung bzw. eine bereits errichtete faschistische Diktatur ist, so fehlt der antifaschistischen Bewegung der feste Kern aus der Arbeiterbewegung. Nur ein solcher Kern ist befähigt, auch bürgerliche und religiös motivierte Antifaschisten, die über demokratische Ansichten verfügen, für den gemeinsamen Kampf anzuziehen.

In diesem letzteren Sinn ist der spezifische Klassencharakter des Faschismus von Bedeutung. Als Herrschaftsform des Monopolkapitals steht nicht nur die Arbeiterklasse, sondern stehen alle nichtmonopolistischen Gesellschaftsschichten in einem objektiven Gegensatz zu ihm. Diese Tatsache birgt die Möglichkeit einer breiten antifaschistischen Volksbewegung in sich. Gerade in Zeiten der Wirtschaftskrise ist die Orientierung auf breite demokratische Bündnisse von Bedeutung, zumal der Faschismus, der Rechtsextremismus und eine vermehrt autoritäre Politikausrichtung Bestandteile der monopolkapitalistischen Krisenstrategie sind.

Die Tatsache des Gegensatzes zwischen Monopolkapital (oder Finanzkapital) und allen nichtmonopolistischen Gesellschaftsteilen ist zudem auch in Zeiten der nichtfaschistischen Strategie bzw. Herrschaftsform des Monopolkapitals von Bedeutung, da dieses auch in der parlamentarischen Demokratie seine Interessen durchzusetzen vermag. Im österreichischen Staat wie auch im Rahmen der Europäischen Union (EU), die ein imperialistisches Bündnis ist, werden die Interessen des Monopolkapitals bedient, während die Arbeiterklasse, die Bauernschaft und die Mittelschichten unterdrückt und ausgebeutet bzw. ruiniert werden.

Ein offensiv ausgerichtetes radikal-demokratisches, antimonopolistisches und antiimperialistisches Bündnis wäre dazu imstande, die Macht der Konzerne und Banken sowie ihrer politischen Vertreter zurückzudrängen und zu brechen. Die Möglichkeit einer antimonopolistischen Demokratie in Österreich, die sich von der imperialistischen EU abwendet, wäre ein wichtiger Fortschritt im Kampf um den Sozialismus. Dass aber nur dieser befähigt wäre, Kapitalismus, Imperialismus, Faschismus und Krieg für immer aus der Welt zu schaffen, ist strategisch freilich zu bedenken.

In diesem Sinne ist die Kommunistische Initiative Österreich bestrebt, das antifaschistische Erbe, die kämpferische Tradition und die revolutionäre Perspektive der Februarkämpfer zu bewahren und zu verteidigen. Ehre ihrem Andenken!

Gegen Faschismus und Imperialismus!
Für Demokratie, Frieden und Sozialismus!

Als Broschüre veröffenlicht im Februar 2009; im Internet veröffentlicht auf www.kommunisten.at am 10. Februar 2009.

Februar 1934:
Schlussfolgerungen für die Gegenwart

Redebeitrag der Kommunistischen Initiative Österreich bei der „Februar 1934"-Kundgebung in Wien-Brigittenau, 13. Februar 2010

Im Namen der Kommunistischen Initiative möchte ich einige Schlussfolgerungen aus den historischen Erfahrungen präsentieren, die auch für die Gegenwart relevant sind.

Die Februarkämpfe 1934 und ihr Ausgang zeigen den Charakter und die Bedeutung der bürgerlichen Staatsmacht. Der Staat steht nicht neutral über den Klassen, er ist ein Unterdrückungsmittel der herrschenden Klasse, der Bourgeoisie. Der imperialistische Staat im Speziellen ist das Herrschaftsinstrument des Monopol- und Finanzkapitals. Niemand möge also glauben, dieser bürgerliche Staat wäre für die Arbeiterklasse zu instrumentalisieren und über Wahlen in einen sozialistischen Staat zu transformieren, wie es die Sozialdemokratie vor 1934 propagierte, wie es andere heute behaupten. Der bürgerliche Staat und der Kapitalismus sind lediglich auf dem Wege das Klassenkampfes und der sozialistischen Revolution zu überwinden und durch einen sozialistischen Staat, die Diktatur des Proletariats, zu ersetzen.

Im Rahmen des Imperialismus ist der Faschismus eine, eben die konsequenteste Herrschaftsform ein und desselben Monopolkapitals, das auch im bürgerlichen Parlamentarismus herrscht. Im Februar 1934 rächte sich auch das falsche Faschismusverständnis der Sozialdemokratie. Wer den Faschismus als zwischen den Hauptklassen der kapitalistischen Gesellschaft stehend oder als Bewegung radikalisierter Kleinbürger sieht, wird ihn auch nicht bekämpfen können. Das österreichische Beispiel zeigt außerdem, dass der Faschismus nicht unbedingt auf dem Wege rechtsextremer oder gar so genannter „rechtspopulistischer" Bewegungen „von unten" droht und an die Macht kommen muss, sondern dass die faschistische Diktatur letztlich seitens des bürgerlichen Staatsapparates „von oben" eingesetzt wird, mit faschistischer Massenorganisation oder ohne. Und so geht auch heute die Gefahr einer vermehrt autoritären Politik in Österreich nicht unbedingt von der FPÖ aus, sondern seitens derer, die dieses Mittel benötigen – das sind, insbesondere in Zeiten ökonomischer und sozialer Krisen, das Kapital und seine Hauptpartei (einst die Christlichsoziale Partei, heute die ÖVP), das ist der Staatsapparat, den sich die ÖVP mit der Sozialdemokratie formell teilt.

Wenn es einen Hauptgrund für die Niederlage vom Februar 1934 gibt, so war es – ebenso wie bei der verpassten revolutionären Situation 1918 – das Fehlen einer marxistischen, revolutionären Kampfpartei, die breit in der der Arbeiterklasse verankert ist. Die Sozialdemokratische Partei wollte dies nicht sein, die KPÖ konnte es – trotz ihrer Entwicklungsfortschritte in den vorangegangenen Jahren – nicht sein. Zwei Lehren sind zu ziehen: Man möge sich seitens der gegenwärtigen kommunistischen Organisationen, von denen heute hier einige, zum Teil recht unterschiedliche vertreten sind, hüten, den gescheiterten Irrweg des Austromarxismus, d.h. letztlich des Revisionismus und Reformismus, hinterher zu humpeln. Eine kommunistische Organisation hat nur dann einen Wert als solche, wenn sie auf dem Fundament des Marxismus-Leninismus wirkt, sich zum Klassenkampf und zur Arbeiterpolitik bekennt, wenn sie den Sozialismus nicht nur als konturloses utopistisches Fernziel ausgibt. Eine kommunistische Organisation, die sich auf der Suche nach einem illusionären neuen gesellschaftlichen Subjekt immer mehr von der Arbeiterklasse entfernt, die letzten Bastionen in der Arbeiterschaft bereitwillig preisgibt und sich mit den Grünen und Liberalen um deren Klientel streiten will, hat keinen Auftrag. Sie wird somit auch – und das ist die zweite Lehre – niemals gesellschaftliche Relevanz, weil die Massen nicht erreichen. Denn, auch das muss klar sein, die besten marxistisch-leninistischen Ansichten und Programmatiken nützen nichts, wenn die Organisierung eines bedeutenden Teiles der Arbeiterklasse auf Basis einer solchen Grundhaltung nicht gelingt.

Und so sind die Anforderungen kommunistischer Politik heute gestellt: Sie benötigt ein ideologisches Fundament, das ihr Analyse, Strategie und Ziel gibt. Sie benötigt eine Ausrichtung, die an die Arbeiterklasse adressiert ist und diese auch anspricht. Beides sind keine leichten Aufgaben, wie wir wissen. Aber wer sie nicht einmal anzunehmen gewillt ist, braucht auch nicht von Antikapitalismus und Antifaschismus reden, denn er wird über das Reden nicht hinauskommen. In diesem Sinne: Für eine kommunistische Organisierung, die die gestellten Aufgaben zu erfüllen bereit und dazu fähig ist!

Im Internet veröffentlich auf www.kominform.at am 14. Februar 2010.

Februar 1934, März 1938 und die Gegenwart

Redebeitrag der Kommunistischen Initiative (KI) bei der Gedenkkundgebung zu den Februarkämpfen 1934, „Vom 12. Februar zur Annexion – von der Annexion zur Befreiung", Wien-Brigittenau, 16. Februar 2008

Wir stehen heute anlässlich der Februarkämpfe von 1934 hier, aber wir stehen auch wenige Wochen vor einem anderen, einem heuer runden Jahrestag: dem Tag der militärischen Okkupation und der Annexion Österreichs durch Deutschland, am 12. März 1938. Vom Februar 1934 führte ein direkter Weg zum März 1938. Zu dieser verhängnisvollen Verbindung einige Worte.

Der Februar 1934 markiert die Durchsetzung der faschistischen, der austrofaschistischen Diktatur in Österreich. Der genuine österreichische Faschismus unterliegt der Charakteristik jeder faschistischen Diktatur, als besondere bürgerliche Herrschaftsform im Stadium des Imperialismus. Auch der Austrofaschismus war die offene, terroristische Diktatur der reaktionärsten, chauvinistischsten und aggressivsten Kräfte des österreichischen Großkapitals und Großgrundbesitzes. Daneben weist der Austrofaschismus spezifische Besonderheiten auf, die nicht nur seine Existenz, sondern auch sein Ende 1938 entscheidend prägen mussten.

Die wichtigste Besonderheit war, dass neben dem an der Macht befindlichen Austrofaschismus in Österreich ein Konkurrenzfaschismus existierte, nämlich der österreichische Ableger des Nationalsozialismus. Dieses Nebeneinander zweier Konkurrenzfaschismen war der Spaltung der österreichischen Bourgeoisie geschuldet, die sich dementsprechend in einen auf die Erhaltung der österreichischen Eigenstaatlichkeit orientierten Flügel und einen großdeutschen Flügel teilte. Dass sich 1938 letztlich der großdeutsche, nationalsozialistische Flügel durchsetzte, war freilich der Übermacht des deutschen Faschismus, der diesen unterstützte und zu seiner Filiale machte, zuzuschreiben, hatte aber auch innere Gründe.

Diese inneren Gründe waren einerseits sehr materieller Natur. Der Austrofaschismus hatte Österreichs Verteidigungsmöglichkeiten gegen deutsche Annexionsbestrebungen durch seine eigenen Bedingungen untergraben. Der Februar 1934 bedeutete die Niederschlagung der Arbeiterschaft und die Zerschlagung der Arbeiterorganisationen. Damit war die stärkste Kraft im Kampf für die Unabhängigkeit Österreichs, die Arbeiterklasse, in die Illegalität gedrängt. Daneben war mit dem Verlust der Demokratie 1933/34 auch die Widerstandskraft der Bevölkerung gegen die Verlockungen des Nationalsozialismus geschwächt. Auch 1938 wäre die österreichische Arbeiterklasse immer noch bereit gewesen, die österreichische Unabhängigkeit gegen den deutschen Faschismus zu verteidigen. Doch es fiel nicht leicht, die austrofaschistische Regierung gegen Hitler-Deutschland zu unterstützen – und Schuschnigg, der offenbar mehr Angst vor der Demokratie und der Arbeiterklasse hatte als vor Hitler, war trotz wiederholter Gespräche zu keinerlei demokratischen und sozialen Reformen bereit.

Das zweite Charakteristikum des Austrofaschismus, das dem deutschen Faschismus den Weg nach Österreich bahnte und die Widerstandskraft massiv reduzierte, war ideologischer Natur. Der Austrofaschismus war zwar auf die staatliche Souveränität Österreichs orientiert – dies hatte jedoch bloß innere konkurrenzfaschistische Gründe. Dollfuß und Schuschnigg definierten Österreich explizit als „deutschen Staat“, die Österreicher somit als Deutsche. D.h. die Ideologie des Austrofaschismus war deutschnational, aber antinationalsozialistisch – in diesem Sinne wurde Österreich nicht nur als zweiter, sondern auch als „besserer deutscher Staat“ als das Deutsche Reich propagiert. Vor diesem Hintergrund schrieb sich der Austrofaschismus sogar eine gesamtdeutsche Mission zu, eine gesamtdeutsche Aufgabe. Doch, wie es eben so ist im Imperialismus – ob in der Form faschistisch oder nicht –, es frisst stets der Große den Kleinen – und nicht umgekehrt.

Es ging also um die nationale Frage in Österreich. Hierbei war es nicht nur verhängnisvoll, dass der Austrofaschismus eine deutschnationale Position einnahm, sondern Selbiges gilt für die österreichische Sozialdemokratie. Im „Linzer Programm“ der Sozialdemokratischen Arbeiterpartei – wie die SPÖ damals hieß –, für das Otto Bauer maßgeblich die Verantwortung trägt, wurde 1926 die Anschlussforderung an Deutschland ausdrücklich erhoben, wobei dies – als angeblicher Abschluss der nationalen demokratischen Revolution – auch eine konterrevolutionäre Komponente enthielt: eine sozialistische Revolution, so die Ansicht der Sozialdemokratie, könne es nur im gesamtdeutschen, d.h. großdeutschen Rahmen geben.

Nur die österreichischen Kommunistinnen und Kommunisten wandten sich bereits in den 1920er Jahren gegen die Anschlusspropaganda der Bürgerlichen und der Sozialdemokratie. Entscheidend war aber, dass die KPÖ 1936/37 Alfred Klahr mit der Ausarbeitung der nationalen Frage in Österreich beauftragte. Klahr kam bekanntlich zu dem Schluss, dass sich die Österreicher, neben und unabhängig von den Deutschen, zu einer eigenen Nation entwickelt haben. Vor diesem Hintergrund definierten die österreichischen Kommunistinnen und Kommunisten den Widerstand gegen den Nationalsozialismus nicht nur als antifaschistischen Kampf, sondern als nationalen Freiheitskampf der österreichischen Nation gegen die deutsch-faschistische Fremdherrschaft in Österreich. Dementsprechend orientierte die KPÖ in diesen Jahren auf die Schaffung einer österreichischen Volksfront für die Befreiung von der NS-Herrschaft.

Doch es blieb, nicht zuletzt aufgrund der Unklarheiten seitens der Sozialdemokratie und der Bürgerlichen, die Hauptlast dieses Freiheitskampfes bei den Kommunistinnen und Kommunisten. Ihnen ist es daher zu verdanken, dass der in der Moskauer Deklaration der Anti-Hitler-Koalition 1943 geforderte eigene Beitrag Österreichs zu seiner Befreiung erbracht wurde, in der Illegalität und im Partisanenkampf sowie später, bereits gegen Kriegsende, auch in den österreichischen Freiheitsbataillonen in der jugoslawischen Partisanenarmee. – Dass Österreich überhaupt die in der Moskauer Deklaration festgehaltene Chance erhielt, war ebenfalls dem Wirken der österreichischen Kommunistinnen und Kommunisten zu verdanken. Ihrem Einfluss ist es zuzuschreiben, dass die Sowjetunion, die sich hinter den Standpunkt der KPÖ stellte, das Ziel der Wiedererrichtung eines unabhängigen österreichischen Staates gegen die ausdrücklichen Ziele Großbritanniens und der USA vertrat und auch durchsetzte. – So gab es zwar den eigenen Beitrag Österreichs zu seiner Befreiung, aber hauptsächlich ist die Befreiung Österreichs und des Großteils Europas vom Faschismus freilich das große Verdienst der Roten Armee der Sowjetunion, ohne die es 1945 gewiss keine Befreiung gegeben hätte.

Die österreichischen Kommunistinnen und Kommunisten tun gut daran – wenn sie es tun –, auch heute für die demokratische Souveränität und Unabhängigkeit Österreichs einzutreten. Leider ist das nicht mehr selbstverständlich. Die Souveränität Österreichs ist heute auf anderen Wegen als in den 1930er Jahren bedroht. Die Unterordnung unter die Entscheidungen der EU bedeutet letztlich immer die Unterordnung unter die Interessen der mächtigsten imperialistischen Staaten der EU – und somit v.a. erstrecht wieder unter jene Deutschlands, des deutschen Imperialismus, des deutschen Monopolkapitals. Mit dieser Unterordnung in politischer, ökonomisch-sozialer und militärischer Hinsicht ist ein Souveränitätsverlust Österreichs verbunden, ein Verlust an demokratischen Rechten der Bevölkerung, der schleichende Verlust der Neutralität und der Verlust des öffentlichen Eigentums an das Monopolkapital.

Möchte man heute für die demokratischen und sozialen Rechte der österreichischen Bevölkerung kämpfen, so muss man auch für die Souveränität Österreichs kämpfen. Diese gefährdet – ebenso wie 1938 – der Imperialismus als System. In Österreich ist der imperialistische Hauptwiderspruch gegenwärtig durch die Existenz der von Deutschland dominierten EU und Österreichs Mitgliedschaft in derselben markiert, und dies ist auch der Rahmen der nationalen Frage in Österreich. Dementsprechend ist die Frage in Österreich heute gestellt: unabhängige und freie Selbstbestimmung mit dem Ziel einer souveränen demokratischen, sozialen, antiimperialistischen und antimonopolistischen Entwicklung, die auf den Sozialismus gerichtet ist – oder Unterordnung unter den Imperialismus, was auch seine Form.

Im Internet veröffentlich auf www.kominform.at am 17. Februar 2008.

März 1938 in Österreich – Hintergründe, Vorgeschichte und Folgen des „Anschlusses“

Der im März und April 1938 vollzogene „Anschluss“ Österreichs an das Deutsche Reich markiert einerseits die Ersetzung des einen faschistischen, des austrofaschistischen Regimes durch ein anderes faschistisches, das nationalsozialistische. Gleichzeitig handelt es sich hierbei um den Beginn der deutschen Fremdherrschaft in Österreich, denn völkerrechtlich bedeutete der „Anschluss“ die durchaus einseitige Annexion Österreichs durch Deutschland, die durch die inszenierte „Volksabstimmung“ nicht legitimiert wurde.

Der Charakter des Faschismus

Georgi Dimitroff charakterisierte den Faschismus 1935 im Sinne einer besonderen bürgerlichen Herrschaftsform als *„die offene terroristische Diktatur der reaktionärsten, der am meisten chauvinistischen, am meisten imperialistischen Elemente des Finanzkapitals.“* [1] Damit ist in wenigen Worten recht viel über Ursache, Herkunft, Funktion und Zielsetzung des Faschismus gesagt, daher nur noch einmal eine kurze Rekapitulation: Der spezifische Klassencharakter des Faschismus ist ein finanzkapitalistischer, d.h. er markiert die Herrschaft der Monopolbourgeoisie oder der Finanzoligarchie, womit seine historische Verortung gleichzeitig am monopolkapitalistischen Stadium des Kapitalismus, am Imperialismus festgemacht ist. Der Faschismus ist weiters die offene Diktatur im Gegensatz zur verdeckten des bürgerlich-demokratischen Parlamentarismus; er ist Terrorherrschaft im Gegensatz zum bürgerlichen Rechtsstaat; die Ausrichtung der faschistischen Diktatur ist besonders reaktionär, d.h. nicht nur antiliberal, sondern v.a. konsequent antisozialistisch und antikommunistisch; der Faschismus stützt sich zumeist auf einen überaus chauvinistischen Nationalismus, im Inneren wie nach außen; zuletzt bedeutet der Faschismus eine aggressive Außenpolitik, nicht nur diplomatischer, sondern v.a. ökonomischer und auch militärischer Natur, in ihrer Intensität freilich nach Maßgabe der regionalen und globalen Stärke des betreffenden Staates.

Das austrofaschistische Regime 1934-1938 ist im Rahmen einer Typologie des Faschismus nicht leicht einzuordnen und weist seine Besonderheiten auf. *„Das österreichische Ständestaatsregime hat sich“*, schreibt Kurt Gossweiler, *„nach dem Februar 1934 und der*

Maiverfassung als die österreichische Ausprägung einer faschistischen Diktatur entfaltet. Damit ist zugleich gesagt, dass sie trotz vielfacher Ähnlichkeiten keine Kopie irgendeines anderen faschistischen Regimes war, weder in ökonomischer noch in politischer oder ideologischer Hinsicht. Die Besonderheiten der Existenzbedingungen des österreichischen Kapitalismus – vor allem die Spaltung der Monopolbourgeoisie und dementsprechend auch des Faschismus in ein großdeutsches und ein österreichisches Lager, die Abhängigkeit des kleinen Landes von den europäischen Großmächten und auch von seinen unmittelbaren Nachbarn – um nur diese Faktoren zu nennen –, mussten dem Austrofaschismus ihren Stempel aufdrücken.“ [2] So nimmt der Austrofaschismus eine Zwischenstellung ein zwischen den beiden Haupttypen der faschistischen Diktatur, nämlich zwischen der totalitär-faschistischen Diktatur („Massenparteifaschismus“; Hitler-Deutschland, Mussolini-Italien) und der autoritär-faschistischen Diktatur („Militärfaschismus“, Horthy-Ungarn, Pinochet-Chile). Der Austrofaschismus weist Elemente beider Varianten sowie ganz eigentümliche Besonderheiten auf. Der faschistische Charakter der Dollfuß- und Schuschnigg-Diktatur ist dadurch jedoch nicht in Frage gestellt.

Konkurrenzfaschismen in Österreich

Eine im Hinblick auf die Ereignisse im März 1938 und somit auf das Ende des Schuschnigg-Regimes besonders relevante Eigenheit spricht Gossweiler oben an: die Spaltung der österreichischen Großbourgeoisie. Diese Spaltung bedeutete jedoch nicht etwa einen demokratischen und einen faschistischen Flügel, sondern zwei faschistische Flügel, die nebeneinander verschiedene Konzepte verfolgten und in Konkurrenz standen. Auf der einen Seite waren die austrofaschistischen Kräfte, repräsentiert durch die reaktionärsten Führer der Christlichsozialen Partei (CSP) und die Mehrheit der Heimwehrbewegung, bemüht, die staatliche Eigenständigkeit Österreichs zu bewahren. Auf der anderen Seite orientierte sich der großdeutsch eingestellte Flügel am deutschen Nationalsozialismus.

Dass sich die NS-Orientierung, in Österreich vertreten durch die hiesige Filiale der NSDAP, 1938 letztlich durchsetzte und die Austrofaschisten kapitulierten, war nicht nur der Übermacht Hitler-Deutschlands geschuldet, sondern auch inneren Faktoren. Der Austrofaschismus konnte die Erhaltung der österreichischen Souveränität gegenüber NS-Deutschland gar nicht gewährleisten, was ideologische und äußerst praktische Gründe hatte. *„Mit der Niederschlagung der Arbeiterschaft"*, schreibt Arnold Reisberg, *„hatte der Austrofaschismus den Weg zum Nazifaschismus geebnet. Mit dem Verlust der Demokratie war die Widerstandskraft gegen die Lockungen des Hitler-Faschismus geschwächt, mit der Zerschlagung der Arbeiterorganisationen die stärkste Kraft im Kampf um die Unabhängigkeit Österreichs, die Arbeiterklasse, in die Illegalität gedrängt."* [3] Die österreichischen ArbeiterInnen, die sozialdemokratischen ebenso wie die kommunistischen, waren 1938 zwar willens, gegen die drohende Annexion durch NS-Deutschland mit allen Mitteln zu kämpfen – doch die Voraussetzung dafür war, dass die Schuschnigg-Regierung zu demokratischen und sozialen Reformen bereit war. Doch Schuschnigg hatte mehr Angst vor der Demokratie und der Arbeiterklasse als vor Hitler.

Deutschnationalismus oder österreichische Nation?

Dass der Austrofaschismus zum antinationalen Totengräber Österreichs wurde, war neben dem faschistischen Charakter des Regimes auch seinem ideologischen Hintergrund geschuldet. Der Austrofaschismus war zwar auf die staatliche Souveränität Österreichs orientiert – dies hatte jedoch bloß innere konkurrenzfaschistische Gründe. Dollfuß und Schuschnigg definierten Österreich explizit als „deutschen Staat", die Österreicher somit als Deutsche. Die Ideologie des Austrofaschismus war deutschnational, aber antinationalsozialistisch – in diesem Sinne wurde Österreich nicht nur als zweiter, sondern auch als „besserer deutscher Staat" als das Deutsche Reich propagiert.

Die Vorstellung, dass die Österreicher Teil des deutschen Volkes seien, war damals nichts Ungewöhnliches. Mit dem Ende des Habsburger-Reiches 1918 war es sogar allgemeine Meinung, dass sich das deutschsprachige Rest-Österreich der neuen deutschen Republik anschließen solle. Dieser Anschluss wurde seitens der Siegermächte des Ersten Weltkrieges untersagt, dennoch wurde diese Zielsetzung sowohl seitens der CSP als auch der Sozialdemokratie weiter verfolgt. Im „Linzer Programm" der Sozialdemokratischen Arbeiterpartei (SDAP) wurde 1926 die Anschlussforderung ausdrücklich erhoben. Die 1918 gegründete KPÖ war die einzige Partei, die gegen die Anschlusspropaganda auftrat. Dies geschah zunächst jedoch noch aus konkreten politischen und revolutionären Erwägungen, ohne dass die nationale Frage seitens der KommunistInnen geklärt gewesen wäre – dies war erst später der Fall, nämlich 1937.

Im Gefolge des 1936 unterzeichneten „Juli-Abkommens“ zwischen Schuschnigg und Hitler bedurfte die nationale Frage in Österreich einer dringenden Klärung. Die Frage lautete, ob der Widerstand gegen den „Anschluss“ Österreichs an das Deutsche Reich nur ein antifaschistischer sei – oder eben auch ein nationaler. Seitens der KPÖ wurde Alfred Klahr mit den theoretischen Ausarbeitungen zur nationalen Frage in Österreich beauftragt. [4] Im Jahr 1937 kam Klahr zu dem Ergebnis: *„Die Österreicher haben auf der Grundlage der jahrzehntelangen staatlichen Selbständigkeit eine eigene nationale, von der deutschen Nation verschiedene Entwicklung durchgemacht. Ihr Kampf um die Aufrechterhaltung der staatlichen Selbständigkeit bedeutet den Kampf um die Erhaltung der Grundlage der selbständigen nationalen Entwicklung, um die Erhaltung der nationalen Unabhängigkeit Österreichs. Er ist ein nationaler Kampf, ein Kampf für die nationale Selbstbestimmung des österreichischen Volkes.“* Klahr schreibt weiters: *„Und wir müssen klar sehen und aussprechen, dass die Eroberung Österreichs durch Hitler das österreichische Volk nicht nur dem brutalsten politischen System, das die Geschichte kennt, ausliefern, sondern auch seine nationale Unterdrückung durch den deutschen Faschismus bedeuten würde. Nationale Unterdrückung kann es auch dort geben, wo der nationale Unterdrücker dieselbe Sprache spricht...“* [5]

Während die Entwicklung und Herausbildung der eigenständigen österreichischen Nation seitens der „austromarxistischen“ Sozialdemokratie negiert wurde, hat die KPÖ mit der Klärung der nationalen Frage in Österreich ein bleibendes Verdienst, das auch Grundlage des Kampfes vieler ÖsterreicherInnen gegen die deutsche NS-Herrschaft und für das Wiedererstehen des unabhängigen österreichischen Staates 1945 war.

Was geschah im März 1938?

Nachdem Hitler am 12. Februar 1938 Schuschnigg das „Berchtesgadener Abkommen“, womit u.a. der Nationalsozialist Arthur Seyß-Inquart Innenminister wurde und die österreichischen Nazis sich legal politisch betätigen durften, diktiert hatte, erkannten selbst die

Austrofaschisten den unmittelbaren Handlungsbedarf. Am 9. März verkündete Schuschnigg die Abhaltung einer Volksbefragung am 13. März über die Unabhängigkeit Österreichs von Deutschland. Auch die Sozialdemokratie und die KPÖ propagierten das „Ja“ zur österreichischen Unabhängigkeit, wobei hervorgehoben wurde, dass dies keine Zustimmung zur austrofaschistischen Regierung sei.

Da hierdurch bei der Volksbefragung ein deutliches Votum für die Unabhängigkeit zu erwarten war, musste Hitler dieser zuvorkommen. Er kündigte offen den Einmarsch der deutschen Wehrmacht an, woraufhin Schuschnigg am 11. März zurücktrat und Seyß-Inquart die Regierung übernahm. Am 12. März erfolgte die widerstandslose Okkupation Österreichs durch deutsche Truppen. Die Volksbefragung am 13. März fand nicht statt, stattdessen verkündete Seyß-Inquart an diesem Tag den Anschluss Österreichs an das Deutsche Reich sowie die Abhaltung einer diesbezüglichen „Volksabstimmung“ für den 10. April 1938.

Natürlich war eine „Volksabstimmung“ unter den Bedingungen einer militärischen Okkupation und Fremdherrschaft sowie v.a. unter jenen einer faschistischen Terrorherrschaft ohnedies nur eine inszenierte „Formalität“. Das Ergebnis der „Volksabstimmung“, von der rund 400.000 Österreicher aus politischen und rassistischen Gründen ausgeschlossen waren, erbrachte offiziell über 99% Zustimmung zum „Anschluss“. Die genannten Rahmenbedingungen machten eine Fälschung des Ergebnisses – zumindest im großen Ausmaß – nicht erforderlich, entziehen dieser „Volksabstimmung“ aber freilich auch jede reale Aussagekraft. Selbstverständlich handelte es sich nicht um die demokratische Entscheidung der ÖsterreicherInnen, sondern um einen deutschen Gewaltakt.

Widerstand und Befreiung

Im Gegensatz zum Großteil der Sozialdemokratie und des christlichsozialen bzw. austrofaschistischen Lagers kapitulierten die österreichischen KommunistInnen 1938 nicht. Noch am Tag des deutschen Einmarsches, am 12. März 1938, äußerte sich KPÖ-Vorsitzender Johann Koplenig: *„Für das österreichische Volk ist der Kampf um seine Unabhängigkeit nicht zu Ende. Es wird niemals eine ihm aufgezwungene Fremdherrschaft anerkennen. So schwer sich auch in der nächsten Zeit sein Schicksal gestalten mag, der Kampf* *für die Freiheit und Unabhängigkeit Österreichs wird aufs Neue entbrennen.“* [6] Die KPÖ trug in weiterer Folge die Hauptlast des antifaschistischen und nationalen Freiheitskampfes in Österreich, sei es in der Illegalität oder später im Rahmen der österreichischen Freiheitsbataillone innerhalb der jugoslawischen Partisanenarmee. Somit ist es v.a. den österreichischen KommunistInnen zu verdanken, dass der in der Moskauer Deklaration von 1943 geforderte eigene Beitrag Österreichs zu seiner Befreiung erbracht wurde.

Im internationalen Maßstab ist es das Verdienst der Roten Armee der UdSSR, den Großteil Ost- und Mitteleuropas vom Faschismus befreit zu haben – auch die entscheidenden Teile Österreichs. Und es ist dem politischen Wirken österreichischer KommunistInnen im Exil zu verdanken, dass sich gerade die siegreiche UdSSR für die Wiederherstellung Österreichs einsetzte – und sich mit diesem Anliegen auch gegen die Ziele Großbritanniens und der USA durchsetzen konnte. Ausdruck dessen war die bereits erwähnte Moskauer Deklaration. In dieser erklärten die Außenminister der USA, Großbritanniens und der UdSSR, ihre Regierungen seien *„darin einer Meinung, dass Österreich, das erste freie Land, das der typischen Angriffspolitik Hitlers zum Opfer fallen sollte, von deutscher Herrschaft befreit werden soll ... Sie erklären, dass sie wünschen, ein freies, unabhängiges Österreich wieder errichtet zu sehen ... Österreich wird aber auch daran erinnert, dass es für die Teilnahme am Kriege an der Seite Hitler-Deutschlands eine Verantwortung trägt, der es nicht entrinnen kann, und dass anlässlich der endgültigen Abrechnung eine Bedachtnahme darauf unvermeidlich sein wird, wie viel es selbst zu seiner Befreiung beigetragen haben wird.“* [7]

Im Sinne dieser Deklaration erfolgte am 27. April 1945 die Unabhängigkeitserklärung Österreichs von Deutschland. Sie wurde unterzeichnet von Vertretern der demokratischen Parteien, der SPÖ, der KPÖ und der ÖVP, der Nachfolgeorganisation der CSP. Die endgültige Befreiung Österreichs ließ aber bis zur Kapitulation der deutschen Wehrmacht am 8. und 9. Mai 1945 auf sich warten. Bis zu diesen Tagen wurde die Rote Armee in Niederösterreich in Kämpfe verwickelt. Wien war bereits am 13. April nach verlustreichen Kämpfen befreit worden. In Erinnerung an diese Kämpfe steht am Wiener Schwarzenbergplatz das Heldendenkmal der Roten Armee.

Fußnoten:

[1] Dimitroff, Georgi: Die Offensive des Faschismus und die Aufgaben der Kommunistischen Internationale im Kampf für die Einheit der Arbeiterklasse gegen den Faschismus. In: Ausgewählte Werke in zwei Bänden, Frankfurt/M. 1972, Bd. 2, S. 105
[2] Gossweiler, Kurt: Faschistische Bewegungen und faschistische Diktatur in Österreich. In: Aufsätze zum Faschismus, Köln 1988, Bd. II, S. 679
[3] Reisberg, Arnold: Februar 1934 – Hintergründe und Folgen. Wien 1974, S. 230
[4] vgl. Klahr, Alfred: Zur österreichischen Nation. Wien 1994
[5] zitiert nach: Fürnberg, Friedl: Österreichische Freiheitsbataillone – Österreichische Nation. Wien 1975, S. 43
[6] Koplenig, Johann: Trotz alledem: Österreichs Volk kämpft weiter für seine Unabhängigkeit! In: Reden und Aufsätze 1924-1950, Wien 1951, S. 95
[7] zitiert nach: Spira, Leopold: 20 Jahre – Wohin geht Österreich? Wien 1965, S. 31

Gedruckt veröffentlich in: rotcrowd – Zeitung des KSV Graz, Nr. 12 (März 2008); im Internet veröffentlich auf www.kominform.at am 11. März 2008.

Ostmark 2 – Deutschland 0

Vor 70 Jahren, am 3. April 1938, fand im Wiener Praterstadion ein Fußballspiel statt, das in offiziellen Länderspielstatistiken des ÖFB fehlt. Die Auswahl der „Ostmark“ trat, formell freundschaftlich, gegen das Team des Deutschen Reiches an. Das Spiel ging als „Anschlussspiel“ in die Geschichte ein – und so war es auch gedacht. Am 12. März 1938 war die deutsche Wehrmacht in Österreich einmarschiert, am 13. März wurde der „Anschluss“ Österreichs an Deutschland verkündet, am 10. April sollte es darüber eine „Volksabstimmung“ geben. Im Sinne der Inszenierung derselben wollten die Nationalsozialisten auch das Fußballspiel durchgeführt wissen. Doch es kam anders.

Die österreichische Mannschaft, obwohl mit Heimrecht und somit Dressenwahl ausgestattet, trat nicht in ihren traditionellen weiß-schwarzen Heimtrikots an, sondern in rot-weiß-rot, wie Kapitän Matthias Sindelar es sich gewünscht haben soll. In weiß-schwarz spielten die Deutschen. Klar gemacht war, dass die nationalsozialistischen politischen Führungen in Berlin und Wien ein freundschaftliches Remis sehen wollten. Das österreichische Team, im Prinzip von vornherein zu favorisieren und das ganze Spiel über deutlich überlegen, hielt sich zunächst daran. Sindelar und seine Kollegen vernebelten äußerst auffällig Chance um Chance – und dies tatsächlich mit Absicht, wie dem Wiener Publikum auf den Rängen und auch den Nazigrößen auf der Ehrentribüne schnell bewusst wurde. Doch dem österreichischen Mannschaftskapitän ging es dabei nicht um die Einhaltung der nationalsozialistischen Vorgabe, sondern um die Demütigung der deutschen Elf und somit der NS-Herrschenden. Der Halbzeitstand ergab daher das geforderte Unentschieden, 0:0.

In der 62. Spielminute war's aber mit dem Spaß vorbei – Sindelar verwertete einen Abpraller nach einem Schuss von Franz Binder zum 1:0 und feierte den Treffer provokativ vor der Ehrentribüne. Nur neun Minuten später stellte Sesta aus einem Freistoß aus gut 40 Metern Entfernung auf 2:0, gleichbedeutend mit dem Endstand. Die Niederlage der DFB-Elf war eine Niederlage der NS-Propaganda. Im Gegensatz zu Schuschnigg und den „christlichsozialen“ Austrofaschisten kapitulierte das ÖFB-Team, in dem mit Hans Mock allerdings auch ein SA-Mann stand, nicht vor dem Nationalsozialismus. Sindelar, damals bester und populärster Spieler in Österreich, der sich in weiterer Folge auch weigerte, für das „gesamtdeutsche“ Team zu spielen, bezahlte das am 23. Januar 1939 vermutlich mit seinem Leben. Sein Tod durch Kohlenmonoxidvergiftung aufgrund eines angeblich defekten Kamins ist bis heute Gegenstand von Spekulationen, letztlich deutet vieles auf eine weitere nationalsozialistische Inszenierung hin.

Die ÖFB-Elf und die beinahe 60.000 Zuschauer im Wiener Prater waren nicht unbedingt Gegner des „Anschlusses“ Österreichs an Deutschland – dafür hatten schon Jahrzehnte deutschnationaler Propaganda der Bürgerlichen und der Sozialdemokratie in Österreich gesorgt (nur die österreichischen Kommunisten waren bereits in den 20er Jahren gegen den „Anschluss“). Aber die Fußballer und die Wiener waren keine unbedingten Freunde des NS-Regimes. Und im Rahmen von Länderspielen, ob man sich nun zur eigenständigen österreichischen Nation bekennt oder nicht, ist der Österreicher bis heute vor allem eines: antideutsch.

Das „Anschlussspiel“ zu einem österreichischen Widerstandsakt aufzubauschen, ist fehl am Platz. Derartiges befördert bloß den Opfermythos. Der österreichische Widerstand gegen die deutschfaschistische Fremdherrschaft 1938-1945 spielte sich anderswo ab – in der Illegalität und später im Partisanenkampf, getragen vor allem durch die österreichischen Kommunisten, aber auch durch ehrliche Sozialdemokraten und antifaschistische Bürgerliche und Christen. Erst in diesem Kampf und im Verlaufe des Zweiten Weltkrieges entwickelte sich ein tieferes Nationalbewusstsein der Österreicher und mit Folgerichtigkeit wurde die deutsche Annexion vom März/April 1938 noch vor dem Ende des Krieges von der provisorischen demokratischen Regierung Österreichs für nichtig erklärt. Zu diesem Zeitpunkt, im April 1945, war Wien bereits von der Roten Armee befreit worden. Nicht zuletzt mit Unterstützung der Sowjetunion wurde Österreich als selbständiger Staat wiederhergestellt.

Das österreichische Fußballteam konnte nach 1945 nicht mehr an seine großen Erfolge der Zwischenkriegszeit anknüpfen, auch wenn 1954 noch einmal ein dritter Platz bei der Weltmeisterschaft erreicht wurde. Dass in den letzten Jahren immer wieder versucht wird, die Person Sindelar durch Arisierungsvorwürfe bezüglich eines Kaffeehauses in den Schmutz zu ziehen, ist niederträchtig. Hätte es 1938 mehr Menschen mit der Aufrichtigkeit eines Matthias Sindelar gegeben, der sich deutlich und mutig gegen den NS-Faschismus und Antisemitismus positionierte, wäre die Geschichte Österreichs bis 1945 und danach nicht nur eine andere, sondern auch eine ruhmvollere gewesen. Nämlich auch abseits des Fußballplatzes.

Im Internet veröffentlicht auf www.kominform.at am 4. April 2008.

Falschheit einer Entmythologisierung

Zu den Kontroversen um Matthias Sindelars Position zum NS-Regime

Vor 70 Jahren, am 23. Januar 1939, starb Matthias Sindelar, schon damals eine österreichische Fußballikone. Seit 2003 gibt es heftige Auseinandersetzungen um Sindelars Beziehung und Position zum nationalsozialistischen Regime, das ab März 1938 auch in Österreich herrschte. Der ungemütliche Vorwürf lautet auf Arisierung eines Wiener Kaffeehauses. Bei genauerem Hinsehen handelt es sich um krampfhafte Konstruierungen und bloß vermeintliche Argumentationsketten, die in Wirklichkeit andere Ziele befördern, als der Aufklärung historischer Zusammenhänge zu dienen. Umso bedauerlicher, dass die fragwürdigen Anschuldigungen gegen Sindelar nun, zu dessen 70. Todestag, auch und ausgerechnet in der Berliner „jungen Welt" präsentiert werden durften.

Vor inzwischen annähernd sechs Jahren setzte der Journalist Peter Menasse die Diskussion um Sindelar in Gang, indem er behauptete, er hätte Kenntnis von neuen, zuvor unbekannten Dokumenten erhalten. Unbekannt bleiben diese Dokumente bis heute, denn nirgends zitiert Menasse aus diesen oder weist diese neuen, offenbar nur ihm zugänglichen Quellen aus. Wie dem auch sei, jedenfalls meinte Menasse, in der Zeitschrift „NU" der „Arbeitsgemeinschaft jüdisches Forum" aufdecken zu müssen, dass Sindelar 1938 das Favoritener Kaffeehaus „Annahof' dessen jüdischem Besitzer geraubt habe. Die Entdeckung der Episode rund um dieses Kaffeehaus war grundsätzlich jedoch keineswegs neu, sondern sie war längst bekannt und wurde z.B. von Roman Horak und Wolfgang Maderthaner 1997 in ihrem Buch „Mehr als ein Spiel" bereits thematisiert. Neu war bei Menasse lediglich die Form der Verzerrung des tatsächlichen historischen Sachverhalts. Tatsächlich hatte Sindelar das fragliche Kaffeehaus übernommen, aber keineswegs auf jene Weise, die von Menasse unterstellt wird und die nun am 23. Januar 2009 auch in der „jungen Welt" von Aert van Riel unkritisch wiedergegeben wird.

Faktum ist, dass dem jüdischen Besitzer Leopold Drill bereits am 1. Mai 1938, sechs Wochen nach dem Einmarsch der deutschen Wehrmacht in Österreich, sein Kaffeehaus in der Laxenburger Straße von den Nationalsozialisten entzogen und einem kommissarischen Leiter, dem NSDAP-Mitglied Franz Reithner, unterstellt wurde. Hier findet bereits die Enteignung Drills statt, die nationalsozialistische „Entjudung“ des Betriebes, dessen Weiterführung eine Arisierung bedeutet. Am 3. August desselben Jahres, also drei Monate später, erhielt Sindelar von den NS-Behörden eine „Vorgenehmigung“ zur Führung des Lokals, bis Dezember war er jedoch noch als Fußballprofi tätig. Sindelar bezahlte für diese Übernahme eine Geldsumme, die gewiss unterhalb des Marktpreises lag, aber von der amtlichen Vermögensverkehrsstelle (VVSt) festzulegen war.

Menasse und van Riel suggerieren, Sindelar selbst hätte das Kaffeehaus dem Eigentümer Drill abgepresst, hätte also die terroristischen Zwangsmittel des NS-Regimes gezielt genutzt, um Drills Besitz, auf den er es abgesehen hatte, zu rauben. Behauptet wird – direkt oder indirekt, – Sindelar habe Drill, mit dem er als Stammgast im Café „Annahof“ übrigens befreundet war, massiv unter Druck gesetzt und mittels Einschüchterungen dazu gezwungen, an ihn zu einem Schleuderpreis zu „verkaufen“. Es wird eine vermeintliche Kausalkette konstruiert, die schon allein dadurch absurd wird, dass sie die Chronologie der Ereignisse nicht zur Kenntnis nimmt bzw. sogar umkehrt: Weil Sindelar das Kaffeehaus übernehmen wollte und dies auch tat, sei Drill enteignet worden. Mit einem Schlag wird Sindelar zum aktiven Arisierer, zum Täter und zum Freund, zum Unterstützer des NS-Regimes. Ja, van Riel behauptet sogar, Sindelar sei aus ooportunistischen Gründen der NSDAP beigetreten, um das Kaffeehaus schneller übernehmen zu können.

Doch die suggerierten Kausalbeziehungen und die erpresserischen Aktivitäten Sindelars sind lediglich erdacht und durch nichts belegt. Im Gegenteil, vieles spricht gegen diese Unterstellungen.

Was zunächst die angebliche NSDAP-Mitgliedschaft Sindelars betrifft, so ist auf Sindelars formellem Antrag bezüglich der Genehmigung zur Führung eines Kaffeehauses explizit vermerkt, dass er kein Parteimitglied war. Auch anderen amtlichen Orts wird nirgends eine NSDAP-Mitgliedschaft Sindelars dokumentiert. Lediglich in einem einzigen Schreiben – und über Sindelar wurden wahrlich genug Akten angelegt, Schriftverkehr betrieben und Texte verfasst – einer lokalen VVSt-Abteilung wird er einmal als „Parteigenosse“ tituliert, was angesichts dieser Singularität ein Fehler gewesen sein dürfte. Warum auch hätte das NS-Regime eine etwaige Parteimitgliedschaft

Sindelars verheimlichen sollen, wenn doch daraus aufgrund Sindelars Popularität massiv propagandistisches Kapital zu schlagen gewesen wäre? Eine Historikerkommission der Stadt Wien, die im Jahre 2003 die Rechtfertigung von Ehrengräbern der Gemeinde überprüfen sollte, stellte fest, dass Sindelar mit an Sicherheit grenzender Wahrscheinlichkeit kein NSDAP-Mitglied war.

Sindelar hatte in der Tat keinerlei Sympathien für den Nationalsozialismus. Die Ereignisse um das „Anschlussspiel" zwischen der „Ostmark" und dem „Altreich" im April 1938 sind bekannt und verbürgt; sie stellen zwar keinen antideutschen Widerstandsakt dar, wohl aber eine Protestation im Rahmen gegebener Möglichkeiten. Auch Sindelars persönlicher Hintergrund verdeutlicht seine antinationalsozialistische Einstellung: Mit seiner tschechischen Herkunft hatte Sindelar keinen Bezug zum rassistischen Deutsch- und Germanentum der NS-Ideologie. Sindelars eigene Mutter wird in den Akten des NS-Regimes als notorische Antinationalsozialistin hervorgehoben. Zu Sindelars Schwager, der zwischenzeitlich das Kaffeehaus führte, ist vermerkt, dass sich dieser beharrlich weigerte, die Auflagen der NS-Behörden umzusetzen. Auch ist aus Sindelars persönlichem Umfeld bekannt, dass er immer wieder seinen Unmut über die antisemitischen Propagandalügen des Nationalsozialismus und deren materielle Folgen im öffentlichen und gesellschaftlichen Leben äußerte und sich dem diesbezüglichen Druck des NS-Regimes und einzelner Nationalsozialisten nicht zu beugen bereit war.

Ganz praktisch ist anzumerken, dass Sindelar im Sommer 1938 keineswegs auf die NS-Arisierungspolitik angewiesen war. Sindelar war in den 30er Jahren einer der größten Stars des europäischen Profifußballs, quasi der Cristiano Ronaldo seiner Zeit. Er konnte es sich leisten, höchstdotierte Angebote englischer Vereine abzulehnen. Als er für die Zeit nach seiner aktiven Karriere, die zur Winterpause 1938/39 enden sollte, eine neue Betätigung suchte, hätte er es nicht nötig gehabt, einen Juden unter Druck zu setzen, um möglichst wenig Geld für ein abgelegenes und verschuldetes Kaffeehaus in einem proletarischen Außenbezirk Wiens in die Hand nehmen zu müssen – er hätte ebenso gut und sogar leichter in ein lukratives Innenstadtcafé investieren können. Wahrscheinlicher ist daher vielmehr, dass Sindelar deshalb bereitwillig den „Annahof" übernehmen wollte, weil er sich diesem Kaffeehaus und auch seinem Besitzer verbunden fühlte. Dass dieser es nämlich nicht weiterführen können würde – es war Drill von den Nationalsozialisten ja bereits weggenommen –, stand im August 1938 schon seit drei Monaten fest.

Warum aber diese Verleumdungskampagne gegen Matthias Sindelar, die Menasse losgetreten hat und auf die mittlerweile einige Trittbrettgeisterfahrer aufgesprungen sind? Sindelar stand personifiziert dafür, dass ein anständiger Mensch, mit einfachem, proletarischem und migrantischem Hintergrund, eigentlich unpolitisch und nicht intellektuell versiert, die bewusste Charakterstärke haben kann, der NS-Barbarei zu widerstehen. Sindelar galt als das (nicht allzu häufig aufzufindende) Gegenmodell zur Masse der NS-Mitläufer, der Zujubler, der Indifferenten und der sozialisierten Antisemiten, als Antithese zum Wiener Heldenplatz vom 15. März 1938. Dieses Bild soll zerstört werden, weil nicht sein kann, was nicht sein darf. Sindelar soll im doppelten Sinn überführt werden. Der Antirassist wird zum Judenfeind, der Antifaschist zum NS-Kollaborateur, der slawische Immigrant wird in die deutsche Volksgemeinschaft abgeschoben und dort scheinmoralisch interniert, damit er gedanklich plötzlich in einen Atemzug mit faschistischen Kriegsverbrechern passt.

Wer ein idealistisches Faschismusverständnis hat, das nur aus sich selbst und einem genetisch bedingten Antisemitismus „erklärt“ werden kann und damit letztlich gar nichts erklärt, der muss auch auf seine Feinde schauen, auf dass sie ihm nicht abhanden kommen. Einen Volkshelden wie Sindelar, der mutig den Nationalsozialismus und den Antisemitismus ablehnte, kann man da nicht brauchen, denn keiner bricht aus dem braunen Block aus, schon gar nicht ein dumpfer Fußballspieler. So bleibt denn auch der Prolet ein Prolet, wie es sich gehört, und das platonische Menschenbild unangetastet.

Das autonome und widerständige Individuum Sindelar verschwindet flugs im Mob, dessen Konstruktion und Beschwörung im tiefsten Kern antiemanzipatorischen Charakter haben. Denn dann kann es auch keinen Antifaschismus außer der massenhaften Zwangspyschotherapie geben (es sei denn als ein linker Widerstand, der letztlich nur eine konkurrenztotalitaristische Variante ist, wie mit Stalin, der DDR und Christel Wegener ja jederzeit bestens zu beweisen sei). Auf dass die BRD verewigt wird und sich das so oder so herrschende deutsche Finanzkapital optimal in der klassenneutralisierten, homogenisierten Masse verstecken kann. Die Anwendung bloßer Umstülpungen falscher faschistischer Ideologien ergibt noch keine richtige Gegenposition, sondern dient der Perpetuierung ihres Spiegelbildes. Heraus kommt eine Ergänzung auf gleicher falscher Grundlage, wo ein Gegensatz auf eigener Grundlage nötig wäre.

Das methodische Muster, das im Zuge der Anti-Sindelar-Kampagne angewandt wurde, ist hinlänglich bekannt: Man wirft in einem Statement ein paar Dinge auf, die nebeneinander und nacheinander stehen, unterwirft bestimmte Umstände einer berechtigten Kritik, der jeder zustimmen kann, und unterstellt dann einen in Wirklichkeit nicht gegebenen kausalen Zusammenhang – und fertig ist die Diskreditierungskampagne. Auch wenn sich ganz offensichtlich herausstellt, dass die behaupteten oder suggerierten Kausal- und Argumentationsketten unhaltbar und unzutreffend sind, so bleibt dennoch bestimmt etwas hängen. Das ist sozusagen die Google-Methode der denunziatorischen Pseudoargumentation: Was nebeneinander innerhalb eines abgegrenzten Textes vorkommt, muss auch zusammenhängen. Der Berührungspunkt ersetzt die Verknüpfung, der metaphysische Zufall die logische Notwendigkeit, der willkürliche Metatext ersetzt den konkreten Kontext.

Aert van Riel drückt auf die Wiedergabetaste und spielt das Ganze in seinem Artikel „Falscher Mythos“ in der „jungen Welt“ vom 23. Januar nach. Er gibt als Tatsachen aus, was nicht nur umstritten, sondern bereits widerlegt ist, er verkauft als neue Erkenntnisse, was lediglich mit Vorsatz umgedeutet wurde. Er fällt ein Urteil ohne Untersuchung, konstruiert einen Täter, weil er einen braucht. Dahinter stehen hoffentlich nur mangelhafte Recherche und Fehlinformationen seitens des Autors. Der journalistischen Qualität der „jungen Welt“, wie man sie gewohnt ist, entspricht derartiges wohl nicht.

Matthias Sindelar ist kein falscher Mythos, er ist gar kein Mythos. Wer glaubt, Sindelar entmythologisieren zu müssen, ist bereits selbst dem mythologischen Denken aufgesessen und schafft bestenfalls einen unwahren und nichtigen Gegenmythos zu einem selbst konstruierten fiktiven Objekt. Diese reale Mythologisierung des Geschichtlichen, der Gesellschaft, des Menschen und des Denkens ist Antiaufklärung in schlechtester Tradition.

Im Internet veröffentlicht auf www.kominform.at am 25. Januar 2009.

Faschismus und Holocaust

Warum die Betrachtung des Holocausts wenig Erhellendes zur Faschismustheorie im Allgemeinen beitragen kann, liegt auf der Hand: der Holocaust ist eine einzigartige Erscheinung des deutschen Faschismus, für die es keine Entsprechung gibt. Insoweit der Holocaust also keinen Erklärungswert für den Faschismus hat, stellt sich die Frage umgekehrt, nämlich nach Erklärungsansätzen und -beiträgen für den Holocaust aus der Analyse des Nationalsozialismus, d.h. der spezifischen Bedingungen des deutschen Imperialismus, seiner faschistischen Organisierung – und seiner Ideologie.

Auf jeden Fall sollte man sich zuallererst davor hüten, den Holocaust in den Bereich des „Unfassbaren“, des „Unerklärbaren“ und schlichtweg „Irrationalen“ abzuschieben. Wer den Holocaust als „unerklärliches Phänomen“ abstrahiert, nimmt sich jede partielle Analysemöglichkeit. Dass bedeutet zunächst, dass der kontextuelle Bezugsrahmen zu wahren ist: der Bezugsrahmen des Holocausts lautet bekanntlich „Faschismus“ – und damit auch „bürgerliche Gesellschaft“ und „Kapitalismus“ bzw., genauer, „Imperialismus“. Dieser materielle und ideologische Bezugsrahmen sollte im Sinne praxisorientierter Analysefähigkeit nicht aufgegeben werden, denn die andere Folge wäre ein Abgleiten in ahistorische, idealistische Oberflächenbesichtigungen und -beschreibungen, die nach willkürlichen Gesichtspunkten „Fakten“ zusammentragen, die ohne jeden objektiven analytischen Wert blieben. Wird der Holocaust als das ewige und damit geschichtslose, als das „absolute Böse“ herausgenommen, so entzieht er sich der historischen, materialistischen Analyse – und der Kapitalismuskritik ohnedies. Eine solche Herangehensweise an den Holocaust könnte mitunter apologetischen Ansätzen, die den Faschismus verharmlosen und den Kapitalismus jeder Verantwortung freisprechen wollen, Tür und Tor öffnen. Bezüglich des Holocausts ist die Beantwortung der Fragen „Wer? Wo? Wann? Wie?“ eine Sache, sie ersetzen aber keinesfalls die zentrale Frage: *Warum?* Und die Antwort auf diese Frage ist nicht in Auschwitz zu finden. – Wir wollen uns in diesem Sinne also ansehen, inwieweit vom gegebenen Bezugsrahmen ausgehend weitere, konkretere Analysen und etwaige Kausalzusammenhänge aussehen können, d.h. Antrieb, Zweck und tiefere Ziele des Holocausts in über tautologische Begründungen hinausgehender Form.

Nachdem wir uns im vorangegangen Abschnitt damit beschäftigt haben, wollen wir zunächst bei der faschistischen Ideologie verweilen. Es liegt ja auf der Hand bzw. wir haben es bereits angeführt und ausführlich zitiert, dass in der NS-Rassentheorie der Vernichtungswille gegenüber den Juden und Jüdinnen festgehalten ist. Die praktische Umsetzung der versuchten systematischen Ausrottung der Juden und Jüdinnen mit industriellen Mitteln, wie sie 1941 begann, hat durchaus direkte Entsprechungen in der NS-Ideologie. Handelt es sich daher um eine schlichte Folgerichtigkeit, eine Folgerichtigkeit von der Idee zur Tat, von Übergriffen zu den Rassengesetzen, von der Deportation zum Genozid, vom Konzentrations- zum Vernichtungslager? Kaum, man möchte annehmen, die faschistische Diktatur hätte während des Krieges seine Kapazitäten anderweitig logischer einsetzen können als im Rahmen der konsequentesten Umsetzung ihrer Rassenideologie, von der viele wussten, dass sie falsch und unsinnig, ein reines Propaganda- und Agitationsmittel war. Dass dies im gesamten NS-Apparat an wichtigen Stellen jedoch nicht klar war, ist wohl die – wenn man so will – *irrationale Komponente* des Holocausts. Wenn es diese aber sehr wohl gibt - ausgehend von der ideologischen Aufbereitung –, in welchem Verhältnis stehen also die irrationale Komponente und die *rationale Zweckmäßigkeit*, die es seitens des deutschen Faschismus ebenso gibt. – Um dies zu erfassen, möchten wir zunächst „chronologisch“ vorgehen, d.h. von der Situation vor 1941.

Kurt Pätzold schreibt: *„Der Judenmord besaß seinen Platz in den politischen Kalkülen der Machthaber. Das gilt in der ‚Kampfzeit' und für die Herrschaftsphase der deutschen Faschisten. (...) Ideologische, politische und materielle Antriebe bildeten ein Geflecht, dessen Anteile quantitativ nicht bestimmt werden können. Dieser Prozess der Diffamierung, Drangsalierung, Enteignung, Beraubung und Vertreibung der Juden ist undenkbar ohne antisemitische Ideologie, ohne ein abstrus-groteskes Weltbild von der Rolle der Juden, ohne Arierwahn, Erscheinungen, die nicht nur als Instrumente zur Rechtfertigung dieser Politik angesehen werden können, sondern ein Eigen- und Vorleben besaßen. Die Täter an der Staatsspitze und auf den Führungsebenen mögen unterschiedlich motiviert gewesen sein und der Mischungsgrad von Wahn und Kalkül mag sich von Judenfeind zu Judenfeind unterschieden haben. Im gesellschaftlichen, faschistischen Ganzen indessen wirkte beides ineinander, konnte dieser jenes verstärken und umgekehrt.“* [1]

Pätzold spricht hier auch an, dass es kaum – oder gar nicht – möglich sei, die Anteile ideologischer, politischer und materieller Antriebe zu bestimmen. Nun, zu versuchen, diese Verhältnisse „messbar" zu machen, wäre wahrlich absurd und in subjektiver Hinsicht recht sinnlos. Nicht umhin kommt man allerdings, in den einzelnen Etappen objektive Begebenheiten zu betrachten, die maßgebliche Antriebe einer Entwicklung sind, die in Richtung Holocaust laufen oder sogar treiben. In der Tat wird es keine monokausale Erklärung geben, wohl aber ein, wie von Pätzold ebenso erwähnt, Zusammen- und Ineinanderwirken verschiedener Komponenten, die sich jedoch durchaus nicht einer Einschätzung bezüglich ihrer Wirksamkeit und Bedeutung entziehen müssen.

Betrachten wir zunächst die ökonomische Rationalität. Die Zeit vor 1941 ist – freilich in der unmittelbaren Praxis ihrer Umsetzungsbedingungen massiv unterstützt durch die „irrationale" Ideologie – im Wesentlichen als ökonomisch zweckmäßige Judenverfolgung zu sehen. Enteignungen, „Arisierungen" haben zweifelsfrei eine ökonomische (und „soziale") Bedeutung. Auf diese Weise wurde die Staatskriegskasse aufgefüllt, die Nutznießer waren Industrie und Banken etc. – Gleichzeitig finden sich auch weniger gut situierte Nutznießer der Enteignungen, des Raubs, der Erpressung und der Judenvertreibung, im Kleinbürgertum, ja selbst unter „einfachen" Menschen, denen so z.B. neue berufliche Aufstiegsmöglichkeiten oder Wohnungen geboten wurden – dies hat freilich eine das System unterstützende Rückwirkung, stabilisiert die Massenbasis, die angesichts bloßer ideologischer Propaganda nicht unbedingt zu überzeugen gewesen wäre.

Im großen Stil haben natürlich die Konzentrationslager eine zutiefst ökonomische Zweckmäßigkeit: sie ermöglichen offene Sklavenarbeit, eine ungehemmte Auspressung der Arbeitskraft bis zur physischen Erschöpfung; tritt diese beim Individuum nachhaltig ein, so ist die Ermordung der sodann unproduktiven Menschen ebenfalls im Rahmen der kapitalistischen Logik – innerhalb des Kapitalismus bleibt dies „rational": was nicht verwertbar ist, ist entbehrlich. Soweit die Systematik des Konzentrationslagers, das charakterlich ein Sklavenarbeitslager ist (daneben aber natürlich der politischen und gesellschaftlichen „Säuberung" dient). Gänzlich anders verhält es sich aber eben mit den Vernichtungslagern, die nur zum weitaus minderen Teil ökonomische Bedeutung haben können. Daher ist der entscheidende Punkt der Übergang von der Deportations- und Versklavungspolitik zur Ingangsetzung der direkten Vernichtungsmaschinerie, um die es im Rahmen des Holocaust eigentlich geht. Die maximale und rücksichtslose Ausbeutung der Arbeitkraft bis zur unumkehrbaren Entwertung ist eine Sache, der systematische direkte Massenmord ist eine wesentlich andere Sache. Die „Erklärung" zum (irrationalen) Selbstzweck kann nicht befriedigend sein, denn sie käme in gewisser Weise einer geistigen Kapitulation vor der Monstrosität der Verbrechen des deutschen Faschismus gleich und ließe uns vor allem handlungsunfähig zurück.

Im Rahmen des industriellen Massenmords wird die ökonomische Komponente zwar nicht ausgeschaltet, sie kann aber kaum noch als entscheidend betrachtet werden. Zweifellos wird auch im Rahmen der „Endlösung" maximaler Profit herausgeschlagen, nämlich durch die Verwertung des letzten Eigentums der Opfer und bis zur teilweisen Verwertung der Leichen selbst. Dieser Punkt ist deshalb von Bedeutung, weil er ganz deutlich zeigt, worauf der Kapitalismus hinausläuft. So sehr nämlich die faschistische Ideologie einen Rückfall in die Barbarei darstellt, so ist damit eine eher allgemein humanistische oder moralische Komponente gemeint, die faschistische Ökonomie ist und wäre jedoch die „bestmögliche", ja die höchste Form des Monopolkapitalismus. Der Holocaust ist keineswegs der krasse Widerspruch zur bürgerlichen Moderne, sondern Ausdruck ihrer brutalsten Form. Tatsächlich wird die warenfetischistische Perversion der bürgerlichen Gesellschaft auf die Spitze getrieben: nicht nur die menschliche Arbeitskraft, nicht nur der offen sklavische Mensch selbst, nein: sogar menschliche Rohstoffe werden zur Ware. – Und in allgemeiner Dimension gefasst: Unter den Bedingungen der allgemeinen Krise des Kapitalismus *„führen die kapitalistischen Widersprüche zu einer ungeheuren Perversion dieses ‚Fortschritts'"* der Produktivkraftentwicklung. *„Unfähig, die Produktivkräfte voll für friedliche Zwecke zu nutzen, verwandelt der Kapitalismus einen großen Teil der Produktivkräfte in Destruktivkräfte, in Mittel der Zerstörung und des Massenmordes, in Mittel des Aggressionskrieges."* [2] – Durchaus besteht ein gegebener Zusammenhang zwischen Profitinteressen (und direkten kapitalistischen Existenzinteressen) und Holocaust, ein monokausaler Erklärungsansatz kann auch daraus jedoch nicht konstruiert werden.

Ebenso – und wohl im weitaus größeren Ausmaß – hat der Holocaust eine strategische Bedeutung in nationalsozialistischen Gesamtzielsetzungen: sowohl bezüglich der Situation im Kriegsverlauf einerseits, sowie andererseits bezüglich planmäßiger demografischer Begebenheiten und Entwicklungen, die auch auf die strategische faschistische Nachkriegsordnung weisen (gemeint ist natürlich jene Nachkriegsordnung, die den militärischen Sieg Deutschlands vorausgesetzt hätte). Vor diesem Hintergrund kann eine weitere Zweckmäßigkeit des Holocausts im größeren Rahmen sichtbar werden, was nicht unbedeutend ist, denn so wie die „Erklärung" des Holocausts als „reiner Wahnsinn" widersinnig ist, so wäre seine „Erklärung" zum „reinen Widersinn" wahnsinnig. Ebenso wie von der angeblichen „Unerklärbarkeit" sollte man sich auch vor den angeblichen „Dysfunktionalität" des Holocausts verabschieden. Welche Funktionalität wäre vor dem Hintergrund strategischer Gesamtziele des faschistischen deutschen Imperialismus zu benennen?

Ausgehen wollen wir zunächst von dem, was Gossweiler anspricht, wenn er über die widersprüchliche Lage des deutschen Imperialismus im Laufe des Krieges, aus der sich zwingend widersprechende Interessen ergeben, schreibt: *„Die Angehörigen der unterworfenen Völker waren einerseits ein nahezu unerschöpfliches Arbeitskräftereservoir. Sie waren aber auch ebenso unerschöpfliches Reservoir für den antifaschistischen Widerstands- und Befreiungskampf dieser Völker. Vom Standpunkt der Versorgung der Rüstungswirtschaft mit Arbeitskräften war die massenweise Ermordung arbeitsfähiger Russen, Ukrainer und Polen ‚dysfunktional'; aber vom Standpunkt der Unmöglichkeit, auf Dauer 400 Millionen Europäer, darunter fast 200 Millionen Sowjetbürger, durch 70 Millionen Deutsche zu beherrschen, war eine Politik der – mit Generalfeldmarschall Reichenau zu sprechen – ‚erbarmungslosen Ausrottung artfremder Heimtücke ... und damit Sicherung des Lebens der deutschen Wehrmacht in Russland', also der systematische Völkermord, keineswegs ‚dysfunktional', sondern eine zwingende Notwendigkeit. Dies ist nicht gesagt als ausreichende Erklärung für die faschistische Judenausrottungspolitik – hier spielten noch eine Reihe anderer Faktoren mit; aber diese Ausführungen machen wohl klar, wie prinzipiell falsch die undialektische Anwendung des Begriffs der ‚Dysfunktionalität' und die daraus abgeleitete Schlussfolgerung über den angeblichen ‚Triumph' der faschistischen ‚Ideologie' über die Interessen der Monopolbourgeoisie sind."* [3] – Gossweiler führt hier mit einem Beispiel bezüglich des deutschen Vernichtungskrieges in Osteuropa aus, was auch für den systematischen Massenmord an Juden und Jüdinnen Relevanz hat. Der Holocaust mag einseitig betrachtet zwecklos, irrational, ja sogar widersinnig erscheinen, in anderer Hinsicht besteht hier aber durchaus eine zielgerichtete imperialistische Zweckmäßigkeit.

Und zwar besteht diese Zweckmäßigkeit in geplanten und systematisch durchzuführenden demografischen Veränderungen in Deutschland und den besetzen Gebieten, vor allem im Osten. Diese Veränderungen mussten infolge des Kriegsverlaufes unweigerlich von der Deportationspolitik zur Vernichtungspolitik übergehen, oben ist es angesprochen. Je mehr Gebiete die Wehrmacht besetzt, desto mehr Menschen muss sie permanent unter Kontrolle halten, beherrschen und unterdrücken. Je mehr sich diese – unweigerlich terroristische – Unterdrückung verschärft, desto mehr wird sich der antifaschistische Widerstand entwickeln. Doch gleichzeitig benötigt die Wehrmacht auch größtmögliche Kräfte für die weitere Kriegsführung, weshalb sich der deutsche Imperialismus in einem Dilemma befindet. Eine durchaus zweckmäßige Entscheidung ist es vor diesem Hintergrund, antifaschistische Widerstandsansätze von vornherein zu verunmöglichen. Um dies tatsächlich nachhaltig zu tun, reicht es nicht aus, bloß die führenden Persönlichkeiten des (möglichen oder bereits bestehenden) antifaschistischen Widerstandskampfes auszuschalten – wie es das faschistische Terror- und Verfolgungssystem bereits vorgibt –, sondern ebenso muss das gesamte menschliche Reservoir für den antifaschistischen Kampf minimiert werden. Und doch wird diese allgemeine Wendung zur systematischen Vernichtungspolitik nicht nur für den Kriegsfaschismus nötig, sondern ebenso für die vorgesehene Nachkriegsordnung (nach dem erhofften „Endsieg“). Der „Lebensraum im Osten“, der zur deutschen Kolonisation vorgesehen war, war ja nicht menschenleer, sondern hätte – bis auf das nötige Sklavenmaterial – erst entvölkert werden müssen bzw. wäre zumindest eine signifikante Reduktion der autochthonen Bevölkerung nötig gewesen. Neben diesen sachlichen Eigentums- und Raumfragen sozialer und ökonomischer Natur spielt nun auch bei der Nachkriegsordnung wiederum die technische Frage der Machtausübung, der Herrschaft der deutschen Minderheit über die slawische Mehrheit, eine Rolle. Das bedeutet, dass der systematische Völkermord nicht nur kriegsbedingt zu verstehen ist, sondern auch und gerade über den Krieg hinausweisend.

Das im neuen Ausmaß Erschreckende, nämlich über die bekannten Fakten des Holocausts Hinausgehende, an dieser Einschätzung ist die potenzielle Perspektive, die somit vorlag. Denn es kann davon ausgegangen werden, dass die Ausrottung der jüdischen Menschen in Europa „nur“ der erste Schritt einer noch größeren demografischen Neuordnung Mittel- und Osteuropas mit mörderischen Mitteln gewesen wäre; dass also in weiterer Folge bezüglich der Menschen anderer oder gar keiner Religionszugehörigkeit, insbesondere in Polen und in der westlichen und südwestlichen Sowjetunion, ebenso der systematische Genozid integraler Bestandteil der großdeutschen Neuordnung Europas gewesen wäre. Hätte man dem deutschen Faschismus nicht das Handwerk gelegt, so hätte nicht nur der Massenmord an den jüdischen Menschen, sondern wohl ein Massenmord weit über diese Bevölkerungsgruppe hinaus noch größere Dimensionen erreichen können. Zumindest kann man annehmen, dass die Gesamtstrategie des deutschen Imperialismus schlussendlich derartiges vorgesehen hätte – durchaus in logischer innerer Geschlossenheit und keineswegs aufgrund einer „irrationalen“ und den Interessen des deutschen Finanzkapitals und Großgrundbesitzes zuwiderlaufenden Verselbständigung der faschistischen Ideologie.

Wir können mittlerweile doch einen gewissen politisch-ökonomischen, strategischen und militärischen Hintergrund des Holocausts erkennen, der allemal kausale Erklärungsansätze ermöglicht. Es besteht daher keine Notwendigkeit, den Holocaust als unerklärliches Phänomen aus der Geschichte zu abstrahieren und ihn außerhalb der Bedingungen der bürgerlich-kapitalistischen Gesellschaft zu stellen – außer man verfolgt damit eben einen unlauteren Vorsatz...

Wir wollen nun abschließend aber noch einmal darauf eingehen, was wir zu Beginn dieses Abschnitts als durchaus auch vorhandene „irrationale Komponente“ des Holocausts bezeichnet haben. Wenngleich es also doch zu einfach erscheint, sich bezüglich der „Erklärung“ des Holocausts auf eine angebliche Verselbständigung der NS-Ideologie zu reduzieren, d.h. de facto auf die Verselbständigung der faschistischen Führung vom herrschenden Monopolkapital und seinen durch und durch rationalen Interessen, so hat die antisemitische Rassenideologie natürlich sehr wohl einen eigendynamischen Niederschlag unter den AnhängerInnen des NS-Regimes gefunden. Man könnte hier nun einwenden, es sei eher unsinnig, Aspekte des Holocausts aus dem ideologischen Überbau erklären zu wollen - doch so einfach ist es freilich nicht, denn der marxistische Materialismus ist ja keine Einbahnstraße. Karl Marx meinte bekanntlich, *„die Theorie wird zur materiellen Gewalt, sobald sie die Massen ergreift."* [4] – Das gilt freilich nicht nur für die revolutionäre Theorie, daher fügt Kurt Pätzold berechtigterweise hinzu: *„Auch die reaktionäre Idee, zu demagogischen Zwecken verbreitet, wird materielle Gewalt, wenn sie die Massen ergreift."* [5] Für die NS-Rassenideologie, die wie gesagt bereits ursprünglich den eliminatorischen Antisemitismus vertritt, gilt dies mit Sicherheit. Natürlich hat diese Irrationalität keine unbedeutende Anzahl von Menschen ergriffen, die nebenbei auch nicht unbedingt prägungsfrei von Jahrhunderte überdauernden antisemitischen Tendenzen in Europa waren und somit eine gewisse positive Rezeptionsbereitschaft zeigten. Beamte, Soldaten und Funktionäre im NS- und Staatsapparat konnten auf diese Weise bestimmt dem Holocaust in der einen oder anderen Weise eine zusätzliche Dynamik „zurückgeben". Verstärkt wurde die Vernichtungsdynamik, was auf den ersten Blick wiederum „irrational" anmutet, nochmals durch die drohende Kriegsniederlage des deutschen Faschismus: Die Angst vor der Vergeltung für die bereits begangenen Verbrechen führte dazu, dass in weiten Teilen des NS- und Staatsapparates, der Wehrmacht sowie in Teilen der Bevölkerung die Überzeugung vorherrschte, dass mit allen verfügbaren Mitteln der mörderischsten Brutalität diese Niederlage abgewendet werden müsste – auch dies „rechtfertigte" es, die militärische, terroristische und industrielle Vernichtungsmaschinerie weiter auf vollen Touren laufen zu lassen, obwohl der Krieg absehbarer Weise verloren war.

So mögen hier unterm Strich durchaus zusätzliche Komponenten, gewissermaßen „irrationaler" und ideologisch-propagandistisch verankerter Natur, vorliegen, die bestimmte Facetten des Holocausts beeinflusst haben und daher auch zu dessen Analyse beitragen können. Die ursächliche (und schon gar nicht eine einseitige) Begründung wird man auf dieser Basis jedoch nicht finden.

Zweifelsohne gibt es im Bereich der Holocaust-Forschung noch immer genug zu tun und die marxistische Wissenschaft täte gewiss gut daran, dieses Feld nicht bürgerlichen Halb- und Nichtanalysen zu überlassen.

Fußnoten:

[1] Pätzold, Kurt: Judenmord – warum? In: Junge Welt, 29.11.2003
[2] Der Imperialismus der BRD. Berlin 1971, S. 549
[3] zitiert nach: Kühnl, Reinhard: Faschismustheorien – Texte zur Faschismusdiskussion 2. Reinbek bei Hamburg 1979, S. 219f.
[4] Marx, Karl: Zur Kritik der Hegelschen Rechtsphilosophie – Einleitung. In: MEW 1, S. 385
[5] Pätzold, Kurt: Faschismus, Rassenwahn, Judenverfolgung. Berlin 1975, S. 32f.

Auszug aus dem Buch: „Was ist Faschismus?“, Wien 2006, S. 76-84.

65 Jahre Befreiung

Über die Niederlage des NS-Faschismus und das Ende des Zweiten Weltkrieges 1945

Der 8. und 9. Mai 1945 markierten vor 65 Jahren die endgültige Niederlage Deutschlands im Zweiten Weltkrieg und das Ende des historischen Faschismus in Deutschland und Österreich. Und diese Daten bedeuteten gleichzeitig den Sieg der Westalliierten, d.h. der USA, Großbritanniens und Frankreichs, sowie jenen der Sowjetunion. In Erinnerung an den Sieg letzterer steht seit August 1945 am Wiener Schwarzenbergplatz, dessen südlicher Teil von 1946 bis 1956 Stalinplatz hieß, das Heldendenkmal der Roten Armee, die unter großen Opfern bereits am 13. April 1945 Wien sowie davor und danach einen Gutteil Österreichs befreit hatte. Als Kommunistinnen und Kommunisten haben wir jedoch weitere gute Gründe, den Tag der Befreiung vorrangig der Roten Armee und der Sowjetunion zu widmen.

Denn wir wissen, was der Faschismus ist: die offene terroristische Diktatur der reaktionärsten, der am meisten chauvinistischen, am meisten imperialistischen Elemente des Finanzkapitals, wie es Georgi Dimitroff formulierte. Der Faschismus ist ein unmittelbares und folgerichtiges Ergebnis des imperialistischen Kapitalismus, die faschistische Diktatur ist eine der möglichen finanzkapitalistischen Herrschaftsformen im Imperialismus. Der Faschismus ist kein Betriebsunfall des Imperialismus, sondern seine äußerste innere Konsequenz. Wir tun also gut daran, das Verhältnis der imperialistischen Hauptmächte zum Faschismus einer genauen Prüfung zu unterziehen – in der Gegenwart und auch in Bezug auf den deutschen Nazi-Faschismus 1933-1945.

Ein gut sichtbarer Ansatz ist bereits die Bezeichnung des am 8. Mai 1945 siegreichen Bündnisses – es war die „Anti-Hitler-Koalition“, die die Westmächte bereit waren mit der UdSSR einzugehen, nicht etwa eine antifaschistische Koalition. Für die USA und Großbritannien war der Krieg gegen Deutschland dasselbe, was er umgekehrt für Deutschland war: ein imperialistischer Krieg um Einflussgebiete und direkte Kolonien, um Rohstoffe, Marktsphären und Investitionsmöglichkeiten. Die Herrschaftsform in Deutschland spielte für sie keine Rolle. Und zum zweiten war das gesteigerte Interesse an der militärischen Invasion der von Deutschland okkupierten Gebiete Kontinentaleuropas seitens der USA und Großbritanniens bereits eine Vorwegnahme des Kalten Krieges und der Containment-Politik. Denn andernfalls, wäre die US-Armee nicht in der Normandie gelandet und nach Osten vorgedrungen, dann wäre der Siegeszug der Roten Armee nicht nur bis Berlin und Wien gegangen, sondern er hätte sein Ende erst aus geografischen Gründen an der Atlantikküste gefunden. Die Präsenz westalliierter Truppen verhinderte nach 1945 – und dies ist durchaus intentionell so zu sehen – revolutionäre Prozesse und die Errichtung sozialistischer Gemeinschaften zumindest im Westen Deutschlands, in Italien und vielleicht auch in Österreich.

Und so ist es auch kein Zufall, dass der Imperialismus unter Führung der USA nach 1945 blitzschnell wieder vom scheinbaren „Antifaschismus“ zum Antikommunismus überging. Man verstand sich blendend mit den beiden verbliebenen faschistischen Diktaturen in Europa, nämlich mit Spanien und Portugal, und man ließ sogar neue errichten, nämlich in Griechenland 1967. Man schuf ein imperialistisches Militärbündnis mit der NATO, man bündelte ökonomische und später zunehmend politische und militärische Potenzen in den so genannten Europäischen Gemeinschaften, der heutigen Europäischen Union. Man gründete einseitig die BRD, rüstete sie wieder auf und setzte die faschistischen Eliten wieder ein. Man integrierte die revisionistische, reformistische Sozialdemokratie endgültig ins imperialistische System, um die Arbeiterklassen der westeuropäischen Staaten durch sie ruhigstellen zu lassen. Und in ideologischer Hinsicht unterlegte man sein Handeln mit der antikommunistischen „Totalitarismus“-Doktrin.

Dies alles diente der Frontstellung zur Sowjetunion, zu den volksdemokratischen Bewegungen und kommunistischen Parteien in Europa, später zur sozialistischen Staatengemeinschaft – mit dem einen Ziel der Zerschlagung des Sozialismus, was mit 1989/90 in der Sowjetunion und Osteuropa auch gelungen ist. Der Imperialismus sorgte in diesen Ländern für einen historischen Rückschritt hinter das Jahr 1945, im Falle der UdSSR hinter das Jahr 1917. Dieser Rückschritt in den Kapitalismus brachte folgerichtig nicht nur Ausbeutung und Unterdrückung mit sich, sondern auch wieder zunehmend faschistische Bewegungen und Rechtsextremismus, chauvinistischen Nationalismus und Rassismus - und letzten Endes, am Balkan, auch Krieg.

Die sowjetische Führung wusste hingegen 1945, dass der militärische Sieg über den deutschen Faschismus nur ein Teilerfolg in einer größeren Auseinandersetzung ist. Der Faschismus wird nur dann endgültig besiegt sein, wenn der Imperialismus besiegt ist. Und so machte man sich in den von der Roten Armee besetzten Ländern daran, das Befreiungswerk fortzusetzen, d.h. die Völker nicht nur von der faschistischen Form, sondern von jedwedem Imperialismus und vom Kapitalismus zu befreien.

Es gilt daher festzuhalten: Der Imperialismus ist nicht und niemals antifaschistisch – und er kann es gar nicht sein. Die Wurzel des Faschismus, das sind der Imperialismus und Kapitalismus selbst – wer den Faschismus ausrotten will, wird daher entsprechend vorgehen müssen. In diesem Sinne sind für uns Kommunistinnen und Kommunisten Antifaschismus, Antiimperialismus und Antimonopolismus untrennbar miteinander verbunden, denn sie sind nur verschiedene Seiten ein und desselben Kampfes; eines Kampfes, der für uns Teil des antikapitalistischen Kampfes ist; eines Kampfes, der nicht enden wird, bevor nicht der Sozialismus endgültig siegt.

Unsere kommunistische Pflicht am Tag der Befreiung und des Sieges besteht darin, die im Großen Vaterländischen Krieg siegreiche Sowjetunion zu ehren, ihre Völker, ihre kommunistische Partei, ihre Soldaten und Partisanen, aber auch die österreichischen Kommunisten und Partisanen, die ihren Teil zur Befreiung Österreichs beigetragen haben. Am besten aber ehren wir die gefallenen, ermordeten und siegreichen Genossinnen und Genossen, indem wir ihren Kampf fortführen, bis zum vollständigen Sieg, der jenseits des Kapitalismus liegt.

Im Internet veröffentlicht auf www.kommunisten.at am 10. Mai 2010.

„Ordnung herrscht in Santiago…“

Der 11. September des imperialistischen Terrors

Das Datum des 11. Septembers steht nicht nur seit den Anschlägen auf das World Trade Center in New York am 11. September 2001 für einen beispiellosen Terrorakt, sondern schon seit 1973 beispielhaft für den offenen Terror des Imperialismus. Am 11. September 1973 putsche Augusto Pinochet gegen den chilenischen Präsidenten Salvador Allende, das faschistische Terrorregime, das installiert wurde, bedeutete für tausende Chileninnen und Chilenen Tod, Folter und Vertreibung. Und es war der Schurkenstaat USA, der die faschistische Konterrevolution unterstützt und den Sturz Allendes vorbereitet hat.

Antiimperialistische Politik und faschistischer Militärputsch

Am 4. September 1970 gewann das linke Bündnis der Unidad Popular (UP) in Chile die Wahlen, der Sozialist Allende wurde Präsident. Ziel der Volksfrontregierung war die Schaffung einer volksdemokratischen, einer antiimperialistischen und antimonopolistischen Republik, von deren Boden aus der Weg zum Sozialismus beschritten werden sollte. In diesem Sinne wurden zunächst konkrete antiimperialistische Maßnahmen initiiert. Als jedoch der chilenische Kongress die Nationalisierung der Kupferminen, die Verstaatlichung des Kohle- und Salpeterbergbaus, der Textil- und Baustoffindustrie sowie des Bankwesens beschloss, als die Landreform (4% der Bevölkerung verfügten über 80% des Bodens) in Angriff genommen wurde, wurde der Kampf seitens der ausländischen Monopole und ihrer imperialistischen Staaten, der bereits seit Allendes Amtsantritt mit Sabotage und Attentaten begonnen hatte, kontinuierlich verschärft.

Verfügungsgewalt und Profite wesentlicher Konzerne waren in Gefahr: von ITT, Pepsi, Kennecott und der Chase Manhattan Bank, aber auch der deutschen Konzerne Bayer und Hoechst sowie der Dresdner Bank. Die Pläne von ITT, der CIA und chilenischer Unternehmer zum Sturz der Regierung waren bekannt und in einer Rede vor der UNO legte sie Allende 1972 offen: *„Vorgesehen waren die wirtschaftliche Erdrosselung, die diplomatische Sabotage, die Organisierung eines sozialen Chaos, die Schaffung einer Panikstimmung* *unter der Bevölkerung, damit, wenn die Regierung abgesetzt wäre, die Streitkräfte sich veranlasst sähen, die demokratische Ordnung aufzuheben und eine Diktatur zu errichten ... ich klage vor der Weltöffentlichkeit die ITT an, in meinem Vaterlande den Bürgerkrieg heraufbeschwören zu wollen. Das ist das, was wir als imperialistische Intervention bezeichnen."* [1]

Und genau so kam es ein dreiviertel Jahr später auch. Die faschistischen Militärs führten am 11. September 1973 mit Hilfe der USA einen blutigen Militärputsch durch, bei dem Allende ums Leben kam. Der Imperialismus und die Monopole konnten wieder aufatmen. Westeuropäische Medien wie z.B. die Frankfurter Allgemeine Zeitung stellten damals anerkennend fest: *„Im Augenblick der höchsten Gefahr konnten sich die Streitkräfte ihrer Verantwortung nicht mehr länger entziehen. Sie können nur obsiegen, wenn sie sofort und mit aller Schärfe reinen Tisch machen."* [2] – In Anlehnung an Rosa Luxemburg drängt sich die Bemerkung auf: Ordnung herrscht in Santiago… – die imperialistische Ordnung des Finanzkapitals.

Verantwortung und Methodik des US-Imperialismus

Die Drahtzieher von damals, Pinochet, US-Präsident Nixon, CIA-Direktor George Bush sen. und Außenminister Henry Kissinger wurden freilich niemals zur Verantwortung gezogen – letzterer ist sogar stolzer Träger des Friedensnobelpreises. Wohl kaum für Billigung und Unterstützung von Verbrechen wie sie in Chile geschahen. Wenn Kissinger angesichts zahlloser Morde und Folterungen im faschistischen Chile meint, *„dass der Regierungswechsel in Chile für uns insgesamt von Vorteil war – selbst vom Standpunkt der Menschenrechte aus gesehen"* [3], dann spricht der US-Imperialismus wohl ausreichend für sich selbst.

Die Ereignisse in Chile sind exemplarisch für die Aggressivität des US-Imperialismus, wie er sich z.B. auch anhand der amerikanischen Interventionspolitik in Kuba, Nicaragua, Guatemala und anderen Ländern manifestierte. Dies alles geschieht immer im Interesse der mächtigen US-Monopole. Luis Corvalán, Partner Allendes in der UP und KP-Generalsekretär, schrieb bereits 1967: *„Der nordamerikanische Imperialismus greift zu Methoden der offenen und dreisten Intervention. Über ein ganzes System von Militärpakten und Missionen ... verwirklicht der nordamerikanische Imperialismus eine direk-*

te bewaffnete Aggression gegen den Befreiungskampf der lateinamerikanischen Völker. USA-Präsident Johnson erklärte zynisch, er würde verhindern, dass irgendein anderes Land Kuba auf seinem Weg folge. Und zu diesem Zweck ist der Imperialismus zu allem bereit, ist er bereit, Tod und Verderben in den Städten du Dörfern zu säen und gegen das Völkerrecht zu verstoßen...“ [4]

Lehren der Niederlage der Unidad Popular

Bei seinem Amtsantritt sagte Allende: *„Als Sozialisten wissen wir aus der Theorie, welches die Kräfte sind, die historische Veränderungen bewirken. Engels drückte es so aus: ‚Man kann sich vorstellen, die alte Gesellschaft könne friedlich in die neue hineinwachsen in den Ländern, wo die Volksvertretung alle Macht in sich konzentriert, wo man verfassungsgemäß tun kann, was man will, sobald man die Majorität des Volkes hinter sich hat.'“* [5] Die praktische Erfahrung der Geschichte hat diese Einschätzung im Zeitalter des Imperialismus mit aller Deutlichkeit widerlegt. Doch sind damit die Strategie der antiimperialistischen und antimonopolistischen Bündnispolitik und das Anstreben der antimonopolistischen Demokratie als Etappe auf dem Weg zum Sozialismus als richtig bestätigt. Das zeigt eben gerade die Notwendigkeit des brutalen Eingreifens für den Imperialismus.

Und genau darauf müssen nun zukünftig alle antiimperialistischen, konsequent demokratischen und v.a. die marxistischen Kräfte vorbereitet sein, darauf, dass der Kampf für die antiimperialistische und antimonopolistische Demokratie wohl bereits über einen antifaschistischen Abwehrkampf führen wird müssen. Der Widerstand (bzw. die antizipierte Gegenoffensive) des Monopolkapitals und der Landoligarchie wird sich aller repressiven und gewaltsamen Methoden bedienen und – hier traf die UP-Führung wohl eine partielle Fehleinschätzung – das Militär bleibt im kapitalistischen Staat immer das Militär der herrschenden Klasse.

Diesen Tatsachen ist das geistig und materiell verteidigungsbereite und bewaffnete Volk selbst entgegenzustellen. Antonio Gramsci schrieb einmal: *„Nur die Bewaffnung der Arbeiter und der Landarbeiter wird die Entwaffnung der faschistischen Militärs ermöglichen können.“* [6] Nur dann wird gesichert sein und tatsächlich zutreffen, was Salvador Allende in seiner letzten Ansprache an das chilenische

Volk via Radio geäußert hat: „*Man kann weder durch Verbrechen noch durch Gewalt die gesellschaftlichen Prozesse aufhalten. Die Geschichte gehört uns, es sind die Völker, die sie machen.*“

Fußnoten:

[1] Allende, Salvador: Rede vor dem Plenum der XXVII. UNO-Vollversammlung, New York, 6.12.1972. In: Chile – Volkskampf gegen Reaktion und Imperialismus, Berlin 1973, S. 202
[2] Frankfurter Allgemeine Zeitung, 12.9.1973
[3] zitiert nach: Die Zeit, 24/2001
[4] Corvalán, Luis: Das Bündnis der revolutionären antiimperialistischen Kräfte in Lateinamerika. In: Freiheit für Chile! – Reden und Aufsätze, Frankfurt/Main 1973, S. 7f.
[5] Allende, Salvador: Rede im Nationalstadion von Santiago anlässlich des Amtsantritts. In: Chile – Volkskampf gegen Reaktion und Imperialismus, Berlin 1973, S. 20
[6] Gramsci, Antonio: Né fascismo né liberalismo: soviettismo! In: L'Unità, 7.10.1924

Gedruckt veröffentlicht in: Trotzdem – Zeitung der Sozialistischen Jugend Österreichs (SJÖ), Wien, Ausgabe 3/2003.

Zum 100. Geburtstag Salvador Allendes

Vor 100 Jahren, am 26. Juni 1908, wurde der chilenische Politiker Salvador Allende Gossens geboren. Seine Familie, die dem Kleinbürgertum zuzurechnen war und deren Wurzeln väterlicherseits im spanischen Baskenland sowie mütterlicherseits in Belgien lagen, war damals in Valparaíso an der chilenischen Pazifikküste ansässig. Das politische und gesellschaftliche Engagement war Salvador Allende zwar nicht „in die Wiege gelegt", wohl aber vorgezeigt: Sein Großvater, der Arzt Ramón Allende Padín, war ein prominenter Senator der Radikalen Partei, einer linksliberalen, antiklerikalen und reformistischen Partei. Der Vater, Salvador Allende Castro, ein Jurist, gehörte derselben Partei an und war Mitarbeiter in mehreren Staatsministerien.

Salvador Allende Gossens folgte bei der Studienwahl dem Großvater und studierte Medizin, politisch orientierte er sich zunächst ähnlich, linksliberal (mit anarchistischem Einschlag). Er war Ende der 1920er Jahre Vizepräsident der Studierendenföderation Chiles und aktiv im Widerstand gegen die Militärdiktatur von Carlos Ibáñez. Als ein Ergebnis des Diktaturregimes, der Weltwirtschaftskrise und der politischen Wirren nach dem Ende der Diktatur 1931 (inklusive einer zwölftägigen „Sozialistischen Republik" 1932) wurde im April 1933 die „Sozialistische Partei Chiles" aus mehreren linken Kleingruppen gegründet. Salvador Allende, mittlerweile Marxist und damals erst 25 Jahre alt, war Mitbegründer der Parteigruppe in Valparaíso und bald deren leitender Sekretär. Damit existierte in Chile wieder eine Sektion der Sozialistischen Internationale, denn die 1912 gegründete „Sozialistische Arbeiterpartei Chiles" hatte sich 1922 in „Kommunistische Partei Chiles" umbenannt und zur Komintern bekannt.

Das traditionelle chilenische Parteiensystem und -spektrum, das damals schon ein halbes Jahrhundert überdauert hatte, wurde in den 1930er Jahren radikal verändert. Durch die Sozialistische und die Kommunistische Partei traten erstmals die Arbeiterklasse selbst und der Marxismus auf die politische Bühne. Die Radikale Partei, zuvor die alleinige parlamentarische Linke, wurde (relativ) ins Zentrum verschoben, die Liberale und die Konservative Partei rückten nach rechts und zusammen, ganz rechts wurden die Nationalsozialistische Bewegung Chiles sowie eine aufgrund zahlreicher deutscher Einwanderer nicht unbedeutende Filiale der Hitler-NSDAP gegründet.

Aufgrund der Rechtsentwicklung, des aufkommenden Faschismus und der erwarteten Rückkehr von Ex-Diktator Ibáñez aus dem argentinischen Exil gründeten die Sozialistische, die Kommunistische und die Radikale Partei 1936 die erste antifaschistische Volksfront, die „Frente Popular". Tatsächlich gewann das Bündnis der Frente Popular 1938 die Präsidentschaftswahl mit dem Kandidaten Pedro Aguirre, wobei auch ein nationalsozialistischer Putschversuch abgewehrt wurde. Salvador Allende, bereits 1937 ins Parlament gewählt, wurde nun für zwei Jahre Gesundheitsminister im Kabinett des Radikalen Aguirre.

Die Regierung der Frente Popular führte zu Verbesserungen im Bildungs- und Gesundheitswesen, die städtischen Mittelschichten fühlten sich gut vertreten – im Gegensatz zur Arbeiterklasse. Andererseits sahen sich Teile die Radikalen Partei auch als Organ der Großgrundbesitzer, weswegen es Zwistigkeiten zwischen ihnen und dem kommunistischen Landwirtschaftsminister bezüglich der Frage einer Landreform gab. Letztlich führte dies, neben außenpolitischen Uneinigkeiten im Zuge des Zweiten Weltkrieges, dazu, dass die SP und die KP die Regierung verließen, aber dennoch die folgenden quasi-Alleinregierungen der Radikalen Partei unterstützten, die unter dem Namen „Nationale Allianz" bis 1952 andauerten.

Bezüglich der KP galt dies jedoch nur bis 1948, als der Kalte Krieg in Chile Einzug hielt. Der radikale Präsident Gabriel González ließ mit einem Gesetz, dem skandalöser Weise auch die Hälfte der sozialistischen Abgeordneten und Senatoren zustimmte, die KP verbieten – ein Zustand der zehn Jahren andauern sollte. Unter diesen antikommunistischen SP-Mandataren war freilich nicht Salvador Allende, dem natürlich bewusst war, dass seine Volksfrontstrategie im Kern die proletarische Einheitsfront der Sozialisten und Kommunisten verlangte.

Unter diesen aussichtslosen Bedingungen kandidierte Allende, seit 1945 Senator, im Jahr 1952 erstmals für das Präsidentenamt, erreichte für das Bündnis „Frente del Pueblo" jedoch nur den vierten Platz. 1958 und 1964 war Allende Präsidentschaftskandidat des Linksbündnisses „Frente de Acción Popular" (FRAP), das aus seiner SP, der wieder zugelassenen KP und linken Kleinparteien bestand. 1958 unterlag Allende dem rechten Unternehmer Jorge Alessandri knapp,

1964 dem Christdemokraten Eduardo Frei deutlich. 1966 wurde Allende immerhin zum Senatspräsidenten gewählt.

Die entscheidende Wende in der Geschichte Chiles und im Leben Allendes erfolgte am 17. Dezember 1969. An diesem Tag wurde das Volksfrontbündnis „Unidad Popular“ (UP) gegründet, für das Allende im September des folgenden Jahres als Präsidentschaftskandidat ins Rennen gehen sollte (der Schriftsteller Pablo Neruda, der zuvor als Kandidat der KP vorgesehen war, verzichtete zugunsten eines gemeinsamen UP-Kandidaten). – Wieder handelte es sich bei diesem Bündnis im Kern um die Einheit der Sozialisten und Kommunisten, ebenfalls integriert war jedoch nun wieder die Radikale Partei (allerdings unter Abspaltung des rechten Flügels). Darüber hinaus wurde die UP von der kleineren Sozialdemokratischen Partei, den beiden christdemokratischen Abspaltungen „Movimiento de Acción Popular Unitario“ (MAPU, „Bewegung der einheitlichen Volksaktion“) und „Izquierda Cristiana“ (IC, „Christliche Linke“, ab 1971) sowie nicht zuletzt vom Gewerkschaftsverband „Central Única de Trabajadores“ (CUT, „Einheitliche Zentrale der Arbeiter“) unterstützt.

Tatsächlich ging Allende, bei seinem vierten Antreten, bei der Präsidentschaftswahl am 7. September 1970 als Sieger hervor. Dieser Sieg brachte der UP jedoch noch keineswegs die politische Hegemonie, denn nur eine relative Mehrheit von 36,6% der Stimmen entfiel auf Allende. Seine Konkurrenten, der rechtskonservative Jorge Alessandri und der Christdemokrat Radomiro Tomic, erhielten 35,3% bzw. 28,1%. In einem solchen (übrigens keineswegs seltenen) Fall sah die chilenische Verfassung vor, dass das Parlament, in dem die UP keine Mehrheit hatte, den Präsidenten zu bestimmen hatte – unumstrittener politischer Usus war es bis dato gewesen, dass der Kandidat mit der relativen Mehrheit von allen Mandataren bestätigt werden sollte. Während die rechten und konservativen Abgeordneten dieses Vorgehen diesmal nicht akzeptieren wollten, fügten sich die Christdemokraten letztlich dem demokratischen Konsens und wählten, gemeinsam mit den UP-Abgeordneten, Allende zum ersten sozialistischen Präsidenten Chiles. Dieser musste jedoch als Bedingung zehn „verfassungsrechtliche Garantien“ unterschreiben, die von den Christdemokraten gefordert wurden.

Allende war nicht nur der erste sozialistische Präsident Chiles, sondern auch der erste Präsident der Welt, der als erklärter Marxist in einem kapitalistischen Land aus bürgerlich-demokratischen Wahlen als Sieger hervorgehen konnte. Und das Programm der UP war tatsächlich auf marxistischer Grundlage auf die sozialistische Revolution ausgerichtet. Nicht richtig ist, dass die bloße „Revolution mit dem Stimmzettel“ vorgesehen war, denn so naiv war man weder in der SP, geschweige denn in der KP. Vielmehr muss man den revolutionären Prozess, der 1970 in Chile initiiert wurde, in dieser ersten Etappe als eine antiimperialistische und antioligarchische sehen, als eine Etappe, die zunächst gegen den nordamerikanischen und westeuropäischen Imperialismus, gegen die einheimische Bourgeoisie und Landoligarchie gerichtet war. Auf diese Weise sollten die politische Hegemonie und die ökonomische Verfügungsgewalt über die wichtigsten Produktionsmittel zuungunsten des Monopolkapitals grundlegend verändert werden, auf dass die Bedingungen des Kampfes um den Sozialismus optimiert werden. Auf dieser Basis wiederum waren Sozialreformen möglich, die der eigentumslosen Bevölkerung zugute kamen, was auch die gesellschaftliche Hegemonie zugunsten des revolutionären Projekts beeinflusste. Äußerer Ausdruck dessen waren die Tatsachen, dass die UP bei den Kommunalwahlen 1971 sogar 49,7% der Stimmen erreichte, bei der Parlamentswahl im März 1973 beachtliche 43,9%. Die UP und ihre marxistischen Parteien hatten sich für die arbeitenden (und arbeitslosen) Massen Chiles als nützliche Kräfte für die vorläufige Lösung vieler Probleme des täglichen Lebens erwiesen, aber auch als diejenigen Kräfte, die gewillt waren, die Probleme nachhaltig mittels eines nichtkapitalistischen, sozialistischen Entwicklungsweges zu lösen. – Damit war die UP-Regierung unter Allende aber auch zu einer sehr ernsthaften Gefahr für die chilenische Bourgeoisie und den Großgrundbesitz, ebenso für das nordamerikanische und westeuropäische Monopolkapital geworden.

Das Programm der UP sah eine tiefgehende Landreform auf Kosten des oligarchischen Großgrundbesitzes vor, bereits 1970 wurden der Kohlebergbau und die Textilindustrie verstaatlicht, 1971 der Kupferbergbau und die Banken. Damit waren die Interessen der bis dahin dominierenden US-amerikanischen sowie von einigen westeuropäischen Konzernen und Großbanken massiv gestört. Die kapitalistische „Freiheit“ der Profitmaximierung und Ausbeutung war durchbrochen.

Daher setzten vor allem die USA zunächst auf eine Destabilisierungsstrategie. In ihrem Auftrag wurde der regierungstreue Oberbefehlshaber der chilenischen Armee, René Schneider, von der faschistischen Gruppierung „Patria y Libertad“ im Oktober 1970 entführt und ermordet. Daneben setzte der US-Imperialismus auf die Propagandaschiene und nützte massiv die privaten Medienkonzerne zu Verleumdungskampagnen gegen die Regierung der UP, die finanzielle Unterstützung rechter und konterrevolutionärer Gruppen, die für Terror und Sabotage sorgen sollten, blieb natürlich auch nicht aus. Ab 1971 wurde seitens der USA und 14 weiterer imperialistischer Staaten damit begonnen, Chile ökonomisch zu erdrosseln, was über wirtschaftliche Boykottmaßnahmen geschehen sollte. Am 29. Juni 1973 kam es zu einem ersten Putschversuch, der aber nur von einem kleinen Teil der Armee getragen wurde und daher niedergeschlagen werden konnte. Ein Resultat dieses Putschversuches war jedoch auch, dass im August desselben Jahres Augusto Pinochet, als vermeintlich regierungstreuer General, neuer Oberbefehlshaber der chilenischen Armee wurde.

Im März 1973 konnte die UP, wie oben erwähnt, bei der Parlamentswahl ihren Stimmenanteil auf knapp 44% erhöhen, verfehlte aber die absolute Mandatsmehrheit. Da inzwischen auch die Christdemokraten zur konterrevolutionären Rechten übergelaufen waren, gab es im Parlament ein Misstrauensvotum gegen Allende, das die erforderliche 2/3-Merheit aber natürlich nicht erreichte. Angesichts der angespannten politischen Situation und der schwierigen ökonomischen Lage plante Allende eine Volksbefragung über seinen Verbleib als Präsident. Eine große Zustimmung wäre Allende wohl sicher gewesen, daher kam es nicht mehr zu diesem Plebiszit, das für Herbst 1973 vorgesehen war. Stattdessen kam der 11. September 1973.

An diesem Tag kam es zum zweiten Putschversuch, diesmal nicht mehr eines kleinen Teiles der Armee, sondern getragen von deren neuem Oberkommandierenden, General Pinochet, unterstützt und geplant seitens des US-amerikanischen Außenministeriums und des Geheimdienstes CIA. In den Morgenstunden begann der Putsch durch die Marine in Valparaíso, Allendes Heimatstadt. Der Präsident und die Regierung begaben sich in Santiago in die „Moneda“, den Amtssitz des Präsidenten, ausgenommen Verteidigungsminister Letelier, der bereits von den Putschisten festgenommen worden war.

Jede Kontaktaufnahmen seitens Allendes mit Pinochet scheiterte, wobei Allende diesen zunächst auf seiner Seite wähnte – erst im Laufe des Vormittages gab sich Pinochet als Putschist zu erkennen. Allende wandte sich über den Radiosender „Magellan" ein letztes Mal an die Bevölkerung Chiles. Gegen Mittag begann die Luftwaffe mit der Bombardierung der Moneda, regierungstreuer Medieneinrichtungen und einzelner Arbeiterviertel Santiagos, die fast ausschließlich von Anhängern Allendes bewohnt wurden. Etwa um 14 Uhr begann die Armee mit der Erstürmung des Präsidentensitzes, Allende verweigerte die Kapitulation. Nach erbittertem Widerstand wurde die Moneda von den putschistischen Soldaten eingenommen, der Präsident Salvador Allende starb in diesen Kämpfen mit der Waffe in der Hand. Das nachfolgende Diktaturregime behauptete einen Suizid, tatsächlich ist aber nicht anzunehmen, dass sich Allende mit derartig vielen Kugeln selbst durchsieben konnte.

Die neuen Machthaber zeichneten sich vor allem innerhalb des ersten Jahres nach dem konterrevolutionären Putsch durch besondere Grausamkeit aus. Tausende Menschen wurden ermordet, verschleppt und gefoltert, in Stadien und großen Hallen wurden regelrechte Konzentrationslager errichtet. In weiterer Folge ging das Diktaturregime Pinochets, das sofort von den USA anerkannt wurde, dann systematisch daran, jede Opposition in Chile auszuschalten, aber auch, wiederum mithilfe der CIA, chilenische Oppositionelle im Ausland zu ermorden. Die Diktatur, die nach marxistischer Auffassung als eine faschistische des autoritär-faschistischen Typs einzustufen ist, dauerte bis 1990. In diesen Jahren wurde nicht nur die politische Linke, vor allem die revolutionäre, marxistische, zerstört, sondern das Land auch zum Exerzierfeld des „neoliberalen" Imperialismusmodells. Das Monopolkapital in Nordamerika und Westeuropa konnte aufatmen. Es ist kein Zufall, dass die Diktatur 17 Jahre aufrechterhalten und auch von außen massiv unterstützt wurde, bis aufgrund der Niederlage des Sozialismus in Europa die Gefahr durch die Wiedererrichtung der demokratischen Republik in Chile seitens des Imperialismus als gering eingeschätzt wurde.

Die Schlussfolgerungen aus der Niederlage der UP-Regierung Allendes sind bittere, aber lehrreiche. Der global handlungsfähige Imperialismus und nicht zuletzt die imperialistische Hegemonialmacht USA werden es unter den gegebenen Verhältnissen niemals und nirgends auf der Erde zulassen wollen, dass sich der Sozialismus auf friedlichem Wege durchsetzt. Der Imperialismus wird immer versuchen, sich aller Mittel und vor allem der Gewaltmittel zu bedienen, die ihm zur Verfügung stehen, letztlich der faschistischen Diktatur. Weiters ist nachdrücklich unterstrichen, was eigentlich schon bekannt war: die Armee bleibt auf Basis der führenden noblen Generalität mehrheitlich immer die Armee der herrschenden Klasse, solange die Soldaten nicht selbst revolutioniert sind. Dieser Tatsache ist in einer antiimperialistischen und antimonopolistischen Etappe eines revolutionären Prozesses die Volksbewaffnung entgegenzustellen. Und nicht zuletzt lehrt die Niederlage in Chile abermals, dass die Arbeiterklasse nicht einfach den bestehenden Staat übernehmen und für sozialistische Zwecke in Bewegung setzen kann. Sie muss vielmehr den bürgerlichen Staat als Herrschaftsapparat zerschlagen und auf revolutionärem Wege an dessen Stelle den sozialistischen Staat setzen. Das heißt auch, dass jeder Stillstand im revolutionären Prozess den Tod desselben bedeuten kann. So gesehen und zieht man die richtigen Schlüsse, so ist die chilenische Tragödie nicht die Widerlegung, sondern die Bestätigung des antiimperialistischen und antimonopolistischen Weges zum Sozialismus, denn das unbedingte Eingreifen des Imperialismus unterstreicht die Gefahr, die diese Strategie für ihn ausstrahlt. Aber gerade darauf wird man vorbereitet sein müssen, besser als die chilenischen Revolutionäre um Allende, wenn man hinkünftig den Weltimperialismus nicht nur herausfordern, sondern zur Strecke bringen will. – Betrachtet man die Gegenwart, so ist vor allem zu hoffen, dass diese Lehren in Venezuela angekommen sind; für die KP Venezuelas ist diesbezüglich jedenfalls die Hand ins Feuer zu legen.

Die Person Salvador Allende erfuhr zahlreiche Ehrungen nach seinem Tod, nicht zuletzt in den sozialistischen Staaten Europas, aber auch im Wiener Donaupark befindet sich ein Allende-Denkmal. Vor allem die 1970er Jahre waren von einer bemerkenswerten Chile-Solidaritätswelle geprägt, die in Europa vor allem von Kommunisten, aber auch Sozialisten initiiert wurde. Viele chilenische Linke wurden in den 70er und 80er Jahren als Flüchtlinge in der UdSSR und der DDR aufgenommen, darunter auch KP-Generalsekretär Luis Corvalán – später war es umgekehrt: Erich Honecker starb 1994 in Santiago de Chile, wo seine Frau Margot und seine Tochter Sonja noch heute leben. Salvador Allendes Tochter, Isabel Allende, ist seit 1994 Abgeordnete und seit 2003 Präsidentin des chilenischen Parlaments für die Sozialistische Partei. Diese ist inzwischen freilich nicht mehr marxistisch-revolutionär, sondern angepasster Teil der den Kapitalismus stützenden internationalen Sozialdemokratie – ein Weg, den Salvador Allende auch im Alter von 100 Jahren wohl niemals mitgegangen wäre.

Im Internet veröffentlicht auf www.kommunisten.at am 26. Juni 2008.

„Wir trinken auf Luis Corvalán!“

Am 21. Juli 2010 verstarb Luis Corvalán, ehemaliger Generalsekretär der KP Chiles

„Haben Sie ein eigenes Haus?“ – „Nein.“ – „Haben Sie ein Sommerhaus?“ – „Nein.“ – „Haben Sie ein Auto?“ – „Nein.“ – „Aber was haben Sie dann für einen Besitz?“ – „Nun, ich habe einen Hund, eine Katze und drei Hühner.“ So antwortete Luis Corvalán 1969 in einer Umfrage des chilenischen Rundfunks unter den führenden Politikern des Landes. Im Gegensatz zur politischen „Elite“, die sich damals wie heute schamlos bereichert, verzichtete Corvalán zur Gänze auf sein (ansehnliches) Abgeordnetengehalt. Stattdessen erhielt er als KP-Generalsekretär von der Partei eine monatliche Summe, die dem Durchschnittslohn eines Arbeiters entsprach. Vorgestern, am 21. Juli 2010, verstarb Corvalán in Santiago de Chile.

Geboren wurde Luis Corvalán am 14. September 1916 in Puerto Montt, im Süden Chiles an der Pazifikküste gelegen. Seine Mutter kam aus einer Bauernfamilie, war mittellos und Analphabetin, der Vater, ein Volksschullehrer, verließ die Familie, als Luis gerade einmal fünf Jahre alt war. Ab dieser Zeit musste die Mutter ihre fünf Kinder alleine ernähren und erziehen, was sie in der Hafenstadt Tomé tat. Luis Corvalán zeichnete sich als hervorragender Schüler aus, was es ihm ermöglichte, einen Platz am staatlichen Lehrerausbildungsseminar zu erhalten. 1934 machte er seinen Abschluss als Volksschullehrer und übte zunächst auch diesen Beruf aus. Seine Berufung sollte jedoch eine andere sein.

Im Jahr 1931, als Chile von der Weltwirtschaftskrise stark gebeutelt wurde, kam es auch politisch zu folgenreichen Ereignissen. Die Militärdiktatur von Carlos Ibáñez wurde gestürzt, es folgten Staatsstreiche und Gegenstreiche, militärische und zivile Regierung, die schnell einander ablösten. In dieser Zeit politischer Wirren entwickelte der sechzehnjährige Corvalán seinen Standpunkt. Er trat 1932 der nun wieder legalen, 1922 gegründeten Kommunistischen Partei Chiles bei – einer Partei, die stark mit der Arbeiterklasse verbunden und in der Gewerkschaftsbewegung einflussreich war sowie über ein zwar noch nicht umfassend gefestigtes, aber doch marxistisch-leninistisches theoretisches Fundament verfügte. Gemeinsam mit der erst 1933 gegründeten Sozialistischen Partei sowie mit der „linksliberal“-reformistischen Radikalen Partei bildete die KP Chiles 1936 die „Frente Popular“ als antifaschistisches Bündnis. Corvalán war – vor allem im Zuge der großen Streiks der Salpeterarbeiter – für die Partei und das Bündnis propagandistisch aktiv, als Vortragender und als Journalist. Die Staatsmacht entzog ihm daraufhin die Lehrbefugnis und entließ ihn aus dem Schuldienst. Von dieser Zeit an widmete sich Corvalán hauptsächlich der revolutionären Arbeit, zunächst vorrangig auf journalistische Weise. Nun setzte sich Corvalán auch intensiver mit dem Studium verschiedener Schriften von Marx, Engels und Lenin auseinander, was jedoch – nach seiner eigenen Ansicht – nicht im quantitativ von ihm gewünschten Ausmaß möglich war – zu sehr nahm ihn die praktische Tätigkeit in Anspruch. Nichtsdestotrotz entwickelte sich Corvalán zu einem fundierten Kenner des Marxismus-Leninismus, der in den folgenden Jahrzehnten auch einige wichtige Schriften zur antiimperialistischen und revolutionären Strategie verfassen sollte.

Ab 1940 war Corvalán Chefredakteur der Zeitung „El Siglo“ („Das Jahrhundert“), des wichtigsten Printmediums der chilenischen KP. Im Vorjahr hatte die "Frente Popular" die Wahlen gewonnen und stellte die Regierung. Während des Zweiten Weltkrieges schieden die Sozialisten und Kommunisten (aus Protest gegen die ausbleibende Landreform) jedoch aus, es verblieb eine radikale Alleinregierung, die sich der Unterstützung durch die Sozialisten aber bis 1952 weiter gewiss sein konnte. In den Jahren 1947 und 1948 startete die Regierung eine antikommunistische Unterdrückungswelle, die KP wurde verboten, was im Kongress auch mit der Hälfte der Abgeordnetenstimmen der Sozialisten beschlossen wurde, viele Kommunisten wurden verhaftet, in Konzentrationslager gesperrt oder verbannt. In dieser Zeit der abermaligen Illegalität leitete Corvalán die Herausgabe mehrerer kommunistischer Zeitungen, die Produktion von Flugblättern und die Durchführung verschiedener Widerstandsaktivitäten. Im Zuge dieser Tätigkeiten fiel Corvalán im Jahre 1950 – das Jahr, in dem Corvalán auch ins Zentralkomitee der KP gewählt wurde – der Polizei in die Hände: Eine ganze Nacht lang wurde er gefoltert, doch er gab keinerlei Informationen über die Aktivitäten der KP und über seine Genossen Preis. Später sagte Corvalán darüber: „Mir tat alles weh, aber ich hatte einen gewaltigen Sieg errungen. Für einen Kommunisten kann die Folter zur Bestätigung seiner Kräfte und seiner Ideen werden.“ Er wurde für ein Jahr in ein abgelegenes kleines Dorf verbannt, jedoch wurde erfolgreich seine Freilassung erkämpft, wodurch er 1952 wieder die Leitung des „El Siglo“ übernehmen konnte.

1956 wurde in Cartagena illegal der 10. Parteitag der KP Chiles abgehalten. Corvalán, der sich nun bereits 20 Jahre bewährt hatte, wurde dabei als Mitglied des Parteisekretariats gewählt. Zwei Jahre später, als der bisherige KP-Generalsekretär Galo González verstarb, wurde Corvalán einstimmig zu dessen Nachfolger gewählt. Damit stand er nun an der Spitze der Partei, an der er mehr als drei Jahrzehnte bleiben sollte.

1958 und 1964 – die KP war wieder legalisiert worden – unterstützte die Partei jeweils die Präsidentschaftskandidatur des Sozialisten Salvador Allende für das Linksbündnis „Frente de Acción Popular“ – beide Male unterlag Allende einem bürgerlichen Kandidaten. 1970 jedoch, nachdem 1969 das Volksfrontbündnis „Unidad Popular“ (UP) gegründet worden war, gewann Allende tatsächlich die Präsidentschaftswahl. Neben seiner eigenen Sozialistischen Partei stützte sich die folgende Regierung Allendes vor allem auf die KP, die bei den vorherigen Kongresswahlen 17% der Stimmen erreichen konnte, aber auch auf einige kleinere Parteien sowie auf die Gewerkschaftszentrale CUT, in der die Kommunisten die Mehrheit hatten.

Die darauffolgenden Ereignisse sind hinlänglich bekannt: Die Regierung der UP schlug einen antimonopolistischen und antiimperialistischen Weg zum Sozialismus ein, der am 11. September 1973 durch den von den USA unterstützten faschistischen Pinochet-Putsch blutig beendet wurde. Präsident Allende wurde in seinem Amtssitz getötet, tausende Menschen wurden ermordet, verschleppt, misshandelt oder in Konzentrationslagern interniert - so auch Corvalán: Das faschistische Diktaturregime steckte ihn in das Konzentrationslager Pitroque auf der Insel Dawson in der Magellanstraße.

Was folgte, war eine einzigartige weltweite Solidaritätskampagne für die Freilassung Corvaláns. Auch im deutschsprachigen Europa traten Kommunisten, Sozialdemokraten, Gewerkschafter, Friedensaktivisten und Antifaschisten mit aller Kraft für Corvalán ein. Tatsächlich wurde Corvalán am 18. Dezember 1976 freigelassen, Asyl fand er in der UdSSR. Dieser große Erfolg der Chile-Solidaritätsbewegung wurde auch künstlerisch verarbeitet – in einer „Oktoberklub“-Version des bekannten Liedes „Was wollen wir trinken?“ heißt es

1977 zum Beispiel: „Am Roten Platz steht Corvalán. / Auf unsere Sache stößt er mit uns an. / Wir trinken auf Luis Corvalán!“

1988 kehrte Corvalán nach Chile zurück, um den Demokratisierungsprozess, der 1990 zum Ende der Pinochet-Diktatur führte, zu unterstützen. Nun, da der antifaschistische Kampf vorerst gewonnen war, trat Corvalán als Generalsekretär zurück, er blieb jedoch bis zu seinem nunmehrigen Tod Mitglied des Zentralkomitees der KP Chiles. Im Dezember 2009 gab es noch einmal Grund zur Freude: Trotz des undemokratischen Wahlsystems gelang es der KP Chiles, erstmals seit 1973 wieder Abgeordnetenmandate im nationalen Parlament zu erreichen.

Persönlich lebte Corvalán in den letzten Jahren wieder in aller Bescheidenheit in Santiago. Er wandte sich lediglich mit Büchern an die Öffentlichkeit, so u.a. mit „Die Regierung Salvador Allendes“ (2003) oder „Die Kommunisten und die Demokratie“ (2008). 2000/2001 veröffentlichte Corvalán ein Buch über seine „Gespräche mit Margot Honecker über das andere Deutschland“, über die DDR.

Trotz eines ausreichenden Überblicks über die Fakten fällt es schwer, die Bedeutung Luis Corvaláns für die chilenische, lateinamerikanische und weltweite kommunistische Bewegung in wenigen Worten zu beschreiben. Vielleicht genügt aber auch ein einziges Wort – denn künftig werden die Kommunisten, Revolutionäre, Arbeiter Chiles und darüber hinaus beim Namen Corvalán immer den Gedanken im Kopf oder sogar den Ruf auf den Lippen haben: „Presente!“

Im Internet veröffentlicht auf www.kominform.at am 23. Juli 2010.
